¡Vamos! 바모스
문법으로 배우는
스페인어

저자 소개

김성조

전 한국외국어대학교 강사
전 동국대학교 강사
전 광운대학교 강사
전 이화여자대학교 강사
전 한국외국어대학교 중남미 연구소 책임연구원
현 한국보건산업진흥원 자문위원
현 정보통신기술진흥센터 평가위원
현 연세대학교 언어연구교육원

바모스!
문법으로 배우는 스페인어

초판 1쇄 발행 2018년 3월 12일

지은이 김성조
펴낸이 박민우
기획팀 송인성, 김선명, 박종인
편집팀 박우진, 김영주, 김정아, 최미라, 전혜련
관리팀 임선희, 정철호, 김성언, 권주련, 이지율

펴낸곳 (주)도서출판 하우
주소 서울시 중랑구 망우로68길 48
전화 (02)922-7090
팩스 (02)922-7092
홈페이지 http://www.hawoo.co.kr
e-mail hawoo@hawoo.co.kr
등록번호 제475호

값 10,000원
ISBN 979-11-88568-14-7 13770

* 이 책의 저자와 (주)도서출판 하우는 모든 자료의 출처 및 저작권을 확인하고 정상적인 절차를 밟아 사용하였습니다.
  일부 누락된 부분이 있을 경우에는 이후 확인 과정을 거쳐 반영하겠습니다.

* 이 책은 저작권법에 따라 보호받는 저작물이므로 무단전재와 무단복제를 금지하며,
  이 책 내용의 전부 또는 일부를 이용하려면 반드시 저작권자와 (주)도서출판 하우의 서면 동의를 받아야 합니다.

¡Vamos! 바모스
문법으로 배우는 스페인어

김성조 지음

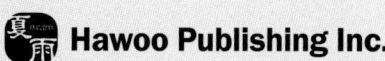

머 리 말

본 책은 스페인어 학습자들이 가장 배우기 어려워하는 가정미래, 접속법 현재 및 과거, 명령법 등을 쉽게 설명하기 위해 만든 책입니다. 스페인어는 최근 가장 각광받는 언어가 분명하며 사용자 면에서 중국어에 이어 4억 5천만명이 쓰는 유용한 언어입니다. 영어보다도 더 많은 사람들이 사용하는 언어이며 세계 약 33개국 다양한 지역에서 사용되고 있습니다. 게다가 앞으로 미국에서 스페인어를 사용하는 사람들이 많아질 것까지 생각한다면 실로 그 효용가치가 어마어마한 언어입니다. 이렇게 유용한 언어를 배우고 있는 여러분은 진실로 행복한 사람이며 장차 큰 꿈을 갖고 당당하게 자신의 일을 할 사람들입니다. 이 책이 여러분의 꿈을 이루는데 작지만 분명한 도움이 되기를 바랍니다.

부족한 아들을 관심과 사랑으로 보살펴주시는 부모님께 진심으로 감사드립니다. 부모님이 계셨기에 오늘에 제가 있습니다. 또 늘 바쁜 아빠를 여전히 사랑하는 아들 도준이와 도이에게도 고마움을 전합니다. 그리고 어려운 자리를 묵묵하게 지켜 준 아내의 수고가 이 책의 절반을 만들었으니 또한 감사를 전합니다.

김 성 조 씀

차 례

01	가정미래	9
02	가정미래완료	21
03	접속법 현재1	33
04	접속법 현재2	47
05	접속법 현재3	63
06	명령법 1	75
07	명령법 2	85
08	접속법 과거1	97

09	접속법 과거2	111
10	접속법 과거3	121
11	접속법 현재완료	133
12	접속법 과거완료1	147
13	접속법 과거완료2	159

부록 169

가정미래

01 가정미래
- 학습내용
- 학습목표

02 동사변화
- 직설법 가정미래(futuro hipotético)어휘

03 용법
- 과거에서 본 미래, 과거사실 추측, 예의바른 표현 확인하기

04 참여마당

05 심화학습

01 가정미래

학습내용
가정미래의 동사활용과 문장에서의 쓰임

학습목표
가정미래의 동사활용을 할 수 있고 문장에 맞게 사용하여 이해와 표현의 의사소통에 도움이 될 수 있다.

02 동사변화

● **직설법 가정미래 (futuro hipotético)**

- 기준 시점이 과거 (과거에서 본 미래)
  Me dijo que lo haría más tarde.

- 과거를 추측
  Serían las cinco.

- 예의바른 표현
  Deberías ir al médico.

● **어휘**

hablar	venir	despacho
vivir	haber	fin de semana
salir	querer	frontera
valer	saber	visado
caber	hacer	ayudar
poder	decir	recomendar
comer	volver	
poner	llegar	
tener	prometer	

- **hablar**

hablaría	hablaríamos
hablarías	hablaríais
hablaría	hablarían

cantar, terminar, llegar

- **comer**

comería	comeríamos
comerías	comeríais
comería	comerían

aprender, beber, leer

- **vivir**

viviría	viviríamos
vivirías	viviríais
viviría	vivirían

subir, escribir

- 자음 'd'가 첨가되는 동사들: **poner**

pondría	pondríamos
pondrías	pondríais
pondría	pondrían

cantar, terminar, llegar

동사변화

- **salir**

saldría	saldríamos
saldrías	saldríais
saldría	saldrían

- **valer**

valdría	valdríamos
valdrías	valdríais
valdría	valdrían

- **tener**

tendría	tendríamos
tendrías	tendríais
tendría	tendrían

- **venir**

vendría	vendríamos
vendrías	vendríais
vendría	vendrían

- 자음이 첨가되지 않는 동사들: **caber**

cabría	cabríamos
cabrías	cabríais
cabría	cabrían

- **haber**

habría	habríamos
habrías	habríais
habría	habrían

- **poder**

podría	podríamos
podrías	podríais
podría	podrían

- **querer**

querría	querríamos
querrías	querríais
querría	querrían

동사변화

- **saber**

sabría	sabríamos
sabrías	sabríais
sabría	sabrían

- **hacer**

haría	haríamos
harías	haríais
haría	harían

- 어근 변화 동사들: **decir**

diría	diríamos
dirías	diríais
diría	dirían

03 용법

● 과거에서 본 미래

> Ella me dijo que lo haría más tarde.
> Ella me dice que lo hará más tarde.

- decir
- hacer
- más tarde

> Ellos dijeron que volverían en Navidad.
> Ellos dicen que volverán en Navidad.

- volver
- Navidad

> Ella me prometió que vendría este fin de semana.
> Ella me promete que vendrá este fin de semana.

- prometer
- venir
- fin de semana

● **과거사실 추측**

¿Qué hora sería cuando llegó Juan?
Serían las cinco. (과거시간 추측)

¿Qué hora será ahora?
Serán las cinco. (현재시간 추측)

¿Qué hora es ahora?
Son las cinco. (현재시간 언급)

Ayer habría mucha gente en la Plaza Mayor.
(과거사실 추측)

Ahora habrá mucha gente en la Plaza Mayor.
(현재사실 추측)

Ahora hay mucha gente en la Plaza Mayor.
(현재사실 언급)

En aquel entonces tendría unos 90 años.
(과거사실 추측)

Ahora tendrá unos 90 años.
(현재사실 추측)

Ahora tiene unos 90 años.
(현재사실 언급)

● 예의바른 표현

- ¿Podría usted ayudarme?
- ¿Qué me recomendaría usted?
- Creo que lo mejor sería no decir nada.
- ¿Le importaría bajar el volumen de la radio?
- Deberías ir al médico.
- Me gustaría ir con usted pero no puedo, porque tengo mucho que hacer.
- Me encantaría ir al médico contigo pero ahora me es imposible.

> **비교**
>
> ¿Qué querría usted? (가정미래)
> ¿Qué quería usted? (불완료과거)
> ¿Qué quiere usted? (직설법현재)

● 확인하기 (괄호 안에 알맞은 말을 고르세요.)

1. Ella me dijo que lo (haría / hará) más tarde.
2. Ellos dijeron que (volverían / volverán) en Navidad.
3. Ella me prometió que (vendrá / vendría) este fin de semana.
4. ¿Qué hora (será / sería) ahora?
5. Ahora (habrá / había) mucha gente en la Plaza Mayor.
6. En aquel entonces (tendrá / tendría) unos 90 años.
7. (Deberás / Deberías) ir al médico.

04 참여마당

● 문법연습

1. 밑줄 안에 알맞은 말을 고르세요. (Señala la palabra correcta):

   Yo creí que Juana _____ aguantar la tristeza.

   ① podrá   ② puede   ③ podría

2. 밑줄 안에 알맞은 말을 고르세요. (Señala la palabra correcta):

   Ella dijo que _____ a su familia el mes que viene.

   ① visita   ② visitaría   ③ visitará

3. 밑줄 안에 알맞은 말을 고르세요. (Señala la palabra correcta):

   Señorita, ¿ _____ traerme un café con leche?

   ① podrá   ② puede   ③ podría

4. 밑줄 안에 알맞은 말을 고르세요. (Señala la palabra correcta):

   Juan prometió que _____ toda la verdad.

   ① dirá   ② dice   ③ diría

● 틀린 문법 찾기

1. Juana me dijo que viene mañana.

2. Ayer habrá mucha gente en la Plaza Mayor.

3. En aquel entonces tendrá unos 90 años.

05 심화학습

● **빈 칸에 알맞은 말을 쓰세요.** (Rellene el blanco)

1. Juan me dijo _____ el mes que viene.
   후안은 다음 달에 오겠다고 나에게 말했다.

2. Yo creí que ellas _____ la tristeza.
   나는 그녀들이 슬픔을 참을 수 있을 거라고 믿었다.

3. Ellos prometieron que _____ la verdad.
   그들은 모든 사실을 말하겠다고 약속했다.

4. Me encantaría _____ con Juana.
   나는 후아나하고 의사에게 가면 좋겠는데.

5. Ahora ella _____ unos setenta años.
   그녀는 지금 70세쯤 되었을 거야.

● **괄호 안의 말을 이용해서 다음을 스페인어로 바꾸세요.** (Traduzca al español)

1. 저는 당신과 가고 싶으나 할 수 없습니다. (Me gustaría)
   _____

2. 그녀는 나에게 그것을 나중에 할 거라고 말했다. (Ella me dijo)
   _____

3. 지금 몇 시일까? (Qué hora)
   _____

4. 그 당시에 후안은 80세였을 거야. (En aquel entonces)
   _____

5. 지금 마요르 광장에 사람들이 많이 있을 거야. (en la Plaza Mayor)
   _____

가정미래완료

01 가정미래완료
- 학습내용
- 학습목표

02 동사변화
- 가정미래완료
- 어휘

03 용법
- 과거에서 본 미래완료과거완료를 추측 확인하기

04 참여마당

05 심화학습

01 가정미래완료

학습내용
가정미래완료의 동사활용과 문장에서의 쓰임

학습목표
가장미래완료의 동사활용을 할 수 있고 문장에 맞게 사용하여 이해와 표현의 의사소통에 도움이 될 수 있다.

02 동사변화

● 가정미래완료

- 과거에서 본 미래완료
  Me dijo que lo habría hecho pasado mañana.
  Me dijo: "Habré hecho pasado mañana."

- 과거완료를 추측
  Ya habría comido cuando lo invité a cenar.

● 어휘

pasado mañana	ido	tarde
vivido	dormido	novio
llegado	salido	casa
terminado	instalado	marzo
roto	paquete	estudiar
aprobado	ir de vacaciones	dentro de
comido	examen	llorar
hecho	creer	anoche

- **haber의 가정미래 형태**

habría	habríamos
habrías	habríais
habría	habrían

- **haber의 가정미래 형태 + 과거분사 = 가정미래완료**

habría+hablado	habríamos+hablado
habrías+hablado	habríais+hablado
habría+hablado	habrían+hablado

동사변화

• 과거분사 복습

cantar → cantado   comer → comido   vivir → vivido

dormir   venir   poder   pedir   ir. llegar   terminar   instalar

_____ → dormido		_____ → puesto
_____ → venido		_____ → roto
_____ → podido		_____ → visto
_____ → pedido		_____ → leído
_____ → ido		_____ → oído
_____ → terminado		_____ → vuelto
_____ → abierto		_____ → satisfecho
_____ → dicho		_____ → muerto
_____ → hecho		

dormir → dormido	poner → puesto
venir → venido	romper → roto
poder → podido	ver → visto
pedir → pedido	leer → leído
ir → ido	oír → oído
terminar → terminado	volver → vuelto
abrir → abierto	satisfacer → satisfecho
decir → dicho	morir → muerto
hacer → hecho	

2과 가정미래완료

03 용법

● 과거에서 본 미래완료

Ella me dijo que ya lo habría hecho pasado mañana.
Ella me dice que lo habrá hecho pasado mañana

- decir
- hacer
- pasado mañana

Ellos dijeron que ya habría llegado la carta a mi casa.
Ellos dicen que ya habrán llegado la carta a mi casa.

- llegar
- carta
- ya

Ella me mencionó que ellos ya habrían ido de vacaciones.
Ella me menciona que ellos habrán ido de vacaciones.

- mencionar
- ir de vacaciones
- fin de semana

La llamé anoche, pero no contestó el teléfono.
Habría salido.

- llamé
- anoche
- contestó
- salido

Cuando lo invité a cenar, ¿ya habría comido? No lo creo.
Cenó mucho con nosotros.

- cuando
- invité a cenar
- creo
- mucho
- con nosotros

● **확인하기** (괄호 안에 알맞은 말을 고르세요.)

1. Ella me dijo que ya lo (habría / habrá) hecho pasado mañana.

2. Ellos dijeron que ya (habría / habrá) llegado la carta a mi casa.

3. Ella me menciona que (habría / habrá) ido de vacaciones.

4. ¿Por qué llegó tarde al examen Juan?

   Se (habría / habrá) quedado dormido en casa.

5. ¿Por qué estaba llorando tu hija?

   (Habría / habrá) roto con su novio.

04 참여마당

● 문법연습

1. 밑줄 안에 알맞은 말을 고르세요. (Señala la palabra correcta):

   Ella me dice que lo _____ hecho pasado mañana.

   ① habría ② ha ③ habrá

2. 밑줄 안에 알맞은 말을 고르세요. (Señala la palabra correcta):

   Ellos dijeron que ya _____ la carta a mi casa.

   ① había llegado ② habría llegado ③ habrá llegado

3. 밑줄 안에 알맞은 말을 고르세요. (Señala la palabra correcta):

   ¿Por qué estaba llorando tu hija?
   _____ roto con su novio.

   ① Habrá ② Habria ③ Habría

4. 밑줄 안에 알맞은 말을 고르세요. (Señala la palabra correcta):

   ¿Habría terminado la clase ayer a esa hora?
   Sí, _____ terminado una hora antes.

   ① habrá ② habría ③ había

● 틀린 문법 찾기

1. Ella me dijo que ya lo habrá hecho pasado mañana.

2. Ellos dicen que ya habría llegado la carta a mi casa.

3. Ella me mencionó que ellos ya habrán ido de vacaciones.

4. ¿Por qué llegó tarde al examen Juan?
   Se habrá quedado dormido en casa.

5. ¿Por qué estaba llorando tu hija?
   Habría rompido con su novio.

05 심화학습

● **빈 칸에 알맞은 말을 쓰세요.** (Rellene el blanco)

1. Juan me menciona _____ ido de vacaciones el mes que viene.
   후안은 이미 그들이 다음 달에 휴가를 갔을 거라고 나에게 말한다.

2. Ella me _____ ya lo habrá hecho pasado mañana.
   그녀는 나에게 모레 이미 그것을 했을 거라고 말한다.

3. Ella me dijo que ya lo _____ pasado mañana.
   그녀는 나에게 모레 이미 그것을 했을 거라고 말했다.

4. Ellos me dicen que _____ la carta a mi casa.
   그들은 이미 편지가 내 집에 도착했을 거라고 말한다.

5. Ellos _____ ya habría llegado la carta a mi casa.
   그들은 이미 편지가 내 집에 도착했을 거라고 나에게 말했다.

● **괄호 안의 말을 이용해서 다음을 스페인어로 바꾸세요.** (Traduzca al español)

1. 그녀는 나에게 모레 이미 그것을 했을 거라고 말한다. (lo habrá hecho)
   _____

2. 그녀는 나에게 모레 이미 그것을 했을 거라고 말했다. (lo habría)
   _____

3. 그들은 이미 편지가 내 집에 도착했을 거라고 말한다. (ya habrá)
   _____

4. 그들은 이미 편지가 내 집에 도착했을 거라고 말했다. (ya habría)
   _____

5. 그녀는 이미 그들이 다음 달에 휴가를 갔을 거라고 어제 말했다. (ir de vacaciones)
   _____

¡Vamos!
El español en gramática

접속법 현재1

01 접속법 현재1
- 학습내용
- 학습목표

02 규칙동사변화
- 접속법 현재
- 어휘

03 불규칙동사변화
- 확인하기

04 참여마당

05 심화학습

01 접속법 현재1

학습내용
접속법 현재의 동사활용과 문장에서의 쓰임

학습목표
접속법 현재의 동사활용을 할 수 있고 문장에 맞게 사용하여 이해와 표현의 의사소통에 도움이 될 수 있다.

02 규칙동사변화

● 접속법 현재

- **직설법** (Indicativo)
  화자가 어떤 일이나 행위에 대해 객관적으로 기술
  Creo que ella es mexicana.

- **접속법** (Subjuntivo)
  주로 종속절에 쓰인다.
  주어와 종속절의 주어가 달라야 한다.
  동일주어인 경우 접속법을 쓰지 않고 동사원형을 쓴다.
  Dudo que ella sea mexicana.
  Quiero que te vayas.
  Quiero irme.
  Quiero irte. (X)
  Quiero que me vaya. (X)

● 어휘

amar	bailar	llevar	comprar
dejar	deber	desear	dominar
creer	entrar	estudiar	vivir
lavar	llamar	escribir	mirar
comenzar	repetir	tomar	recordar
competir	leer	volver	mentir
vender	cerrar	adquirir	abrir
perder	invertir	subir	pensar
pedir	encontrar	contar	seguir
mover	dormir	servir	morir
preferir	impedir	sentar	herir
entender	sentir		

• -ar 동사의 접속법 현재 형태

habl**e**	habl**emos**
habl**es**	habl**éis**
habl**e**	habl**en**

• cantar

cante	cantemos
cantes	cantéis
cante	canten

• estudiar

estudie	estudiemos
estudies	estudiéis
estudie	estudien

• bailar

baile	bailemos
bailes	bailéis
baile	bailen

• besar

bese	besemos
beses	beséis
bese	besen

규칙동사변화

- **-er 동사의 접속법 현재 형태**

com**a**	com**amos**
com**as**	com**áis**
com**a**	com**an**

- **creer**

crea	creamos
creas	creáis
crea	crean

- **deber**

deba	debamos
debas	debáis
deba	deban

- **leer**

lea	leamos
leas	leáis
lea	lean

- **vender**

venda	vendamos
vendas	vendáis
venda	vendan

3과 접속법 현재1

규칙동사변화

• -ir 동사의 접속법 현재 형태

viva	viv**amos**
viv**as**	viv**áis**
viva	viv**an**

• abrir

abra	abramos
abras	abráis
abra	abran

• escribir

escriba	escribamos
escribas	escribáis
escriba	escriban

• subir

suba	subamos
subas	subáis
suba	suban

03 불규칙동사변화

• -o가 –ue로 변하는 동사 (contar)

cuente	contemos
cuentes	contéis
cuente	cuenten

• poder

pueda	podamos
puedas	podáis
pueda	puedan

• dormir

duerma	durmamos
duermas	durmáis
duerma	duerman

다음의 동사들도 변화시켜 봅시다.

encontrar	
recordar	
volver	
mover	
morir	

• -e가 –ie로 변하는 동사 (pensar)

piense	pensemos
pienses	penséis
piense	piensen

• querer

quiera	queramos
quieras	queráis
quiera	quieran

• comenzar

comience	comencemos
comiences	comencéis
comience	comiencen

다음의 동사들도 변화시켜 봅시다.

sentar	
perder	
entender	
empezar	
cerrar	

불규칙동사변화

• -e가 –ie로 변하는 동사 (1,2인칭 복수 주의)

mienta	mintamos
mientas	mintáis
mienta	mientan

• preferir

prefiera	prefiramos
prefieras	prefiráis
prefiera	prefieran

• adquirir

adquiera	adquiramos
adquieras	adquiráis
adquiera	adquieran

다음의 동사들도 변화시켜 봅시다.

herir	
invertir	
sentir	

- **-e가 –i로 변하는 동사**

pida	pidamos
pidas	pidáis
pida	pidan

- **repetir**

repita	repitamos
repitas	repitáis
repita	repitan

- **seguir**

siga	sigamos
sigas	sigáis
siga	sigan

다음의 동사들도 변화시켜 봅시다.

servir	
competir	
impedir	

불규칙동사변화

- **확인하기** (괄호 안에 알맞은 말을 고르세요.)

    1. Ella me pide que les (reciba / recibe).

    2. Hemos abierto la ventana para que (entre / entra) el aire.

    3. Te pido que (trabajas / trabajes) mucho.

    4. Quiero que tú (llegues / llegas) a tiempo a la clase.

    5. Espero que usted (estudia / estudie) mucho el español.

04 참여마당

● 문법연습

1. 밑줄 안에 알맞은 말을 고르세요. (Señala la palabra correcta):

> Quiero que me lo _____.

① dice　　　　　　② dices　　　　　　③ digas

2. 밑줄 안에 알맞은 말을 고르세요. (Señala la palabra correcta):

> Creo que ella _____ mexicana.

① eres　　　　　　② es　　　　　　③ sea

3. 밑줄 안에 알맞은 말을 고르세요. (Señala la palabra correcta):

> Quiero _____ contigo.

① que estudie　　　　② estudio　　　　③ estudiar

4. 밑줄 안에 알맞은 말을 고르세요. (Señala la palabra correcta):

> No creo que ella _____ el perro.

① como　　　　　　② come　　　　　　③ coma

● 틀린 문법 찾기

1. Quiero que ella no canta.

2. No creo que ellos hablan bien el español.

3. Le pedimos a Juan que no miente.

4. Yo creo que ella me quiera.

5. Queremos que ella lo repite.

● 핵심요약
- 접속법은 주로 종속절에 쓰인다.
- 주어와 종속절의 주어가 달라야 한다.
- 동일주어인 경우 접속법을 쓰지 않고 동사원형을 쓴다.
- 접속법 현재의 동사 변화형에는 규칙형과 불규칙형이 있다.

05 심화학습

● 빈 칸에 알맞은 말을 쓰세요. (Rellene el blanco)

1. Juan me pide que yo lo _____.
   후안은 나에게 내가 그것을 받기를 요청한다.

2. Ella me ha abierto la ventana para que _____ el aire.
   그녀는 나에게 공기가 들어오도록 창문을 열어 주었다.

3. Ella te pide que _____ mucho.
   그녀는 네가 열심히 일하도록 네게 요청한다.

4. Ellos quieren que _____ a tiempo.
   그들은 네가 제 시간에 도착하기를 원한다.

5. Ellos esperan que ustedes _____ mucho el español.
   그들은 당신들이 스페인어를 열심히 공부하기를 원한다.

● 괄호 안의 말을 이용해서 다음을 스페인어로 바꾸세요. (Traduzca al español)

1. 나는 네가 나에게 그것을 말하면 좋겠어. (Quiero que)
   _____

2. 나는 그녀가 멕시코 사람이라고 믿어. (mexicana)
   _____

3. 나는 그녀가 멕시코 사람이라는 것이 의심스러워. (Dudo que)
   _____

4. 나는 그녀가 개를 먹는다는 사실을 믿지 않아. (el perro)
   _____

5. 나는 그녀가 나를 좋아한다고 믿어. (Creo que)
   _____

접속법 현재2

01 접속법 현재2
- 학습내용
- 학습목표

02 불규칙동사변화2
- 어휘
- 확인하기

03 참여마당

04 심화학습

01 접속법 현재2

학습내용
접속법 현재의 불규칙 동사활용과 문장에서의 쓰임

학습목표
접속법 현재의 불규칙 동사활용을 할 수 있고 문장에 맞게 사용하여 이해와 표현의 의사소통에 도움이 될 수 있다.

02 불규칙동사변화2

● 어휘

escoger	practicar	saber
ejercer	oír	ver
agradecer	salir	dormir
conducir	valer	preferir
producir	acercar	herir
decir	colocar	sentir
proteger	sacar	repetir
vencer	tocar	competir
conocer	llegar	mentir
parecer	pegar	adquirir
traducir	ir	invertir
hacer	huir	pedir
caer	caber	seguir
poner	apagar	servir
tener	pagar	impedir
venir	dar	
aparcar	haber	

- **g가 j로 변하는 동사 (escoger, escojo)**

escoja	escojamos
escojas	escojáis
escoja	escojan

- **proteger**

proteja	protejamos
protejas	protejáis
proteja	protejan

- **c가 z로 변하는 동사 (vencer, venzo)**

venza	venzamos
venzas	venzáis
venza	venzan

- **ejercer**

ejerza	ejerzamos
ejerzas	ejerzáis
ejerza	ejerzan

- **-z가 zc로 변하는 동사 (agradecer, agradezco)**

agradezca	agradezcamos
agradezcas	agradezcáis
agradezca	agradezcan

불규칙동사변화2

- **conocer**

conozca	conozcamos
conozcas	conozcáis
conozca	conozcan

- **conducir**

conduzca	conduzcamos
conduzcas	conduzcáis
conduzca	conduzcan

- **parecer**

parezca	parezcamos
parezcas	parezcáis
parezca	parezcan

- **producir**

produzca	produzcamos
produzcas	produzcáis
produzca	produzcan

다음의 동사들도 변화시켜 봅시다.

proteger	
vencer	
conducir	
producir	
traducir	

- c가 g로 변하는 동사 (decir, digo)

diga	digamos
digas	digáis
diga	digan

- hacer

haga	hagamos
hagas	hagáis
haga	hagan

- g가 삽입되는 동사 (caer, caigo)

caiga	caigamos
caigas	caigáis
caiga	caigan

불규칙동사변화2

- **g가 삽입되는 동사 (oír, oigo)**

oiga	oigamos
oigas	oigáis
oiga	oigan

- **poner**

ponga	pongamos
pongas	pongáis
ponga	pongan

- **salir**

salga	salgamo
salgas	salgáis
salga	salgan

- **tener**

tenga	tengamos
tengas	tengáis
tenga	tengan

- **valer**

valga	valgamos
valgas	valgáis
valga	valgan

- **venir**

venga	vengamos
vengas	vengáis
venga	vengan

- **car가 que로 변하는 동사 (acercar)**

acerque	acerquemos
acerques	acerquéis
acerque	acerquen

- **aparcar**

aparque	aparquemos
aparques	aparquéis
aparque	aparquen

- **colocar**

coloque	coloquemos
coloques	coloquéis
coloque	coloquen

- **practicar**

practique	practiquemos
practiques	practiquéis
practique	practiquen

불규칙동사변화2

- **sacar**

saque	saquemos
saques	saquéis
saque	saquen

- **tocar**

toque	toquemos
toques	toquéis
toque	toquen

다음의 동사들도 변화시켜 봅시다.

hacer	
oír	
salir	
poner	
venir	
sacar	
tocar	

- **gar가 gue로 변하는 동사 (apagar)**

apague	apaguemos
apagues	apaguéis
apague	apaguen

- **llegar**

llegue	lleguemos
llegues	lleguéis
llegue	lleguen

- **pagar**

pague	paguemos
pagues	paguéis
pague	paguen

- **pegar**

pegue	peguemos
pegues	peguéis
pegue	peguen

불규칙동사변화2

- 어느 유형에도 속하지 않는 불규칙 동사 (**dar**)

dé	demos
des	deis
dé	den

- 어느 유형에도 속하지 않는 불규칙 동사 (**estar**)

esté	estemos
estés	estéis
esté	estén

- 어느 유형에도 속하지 않는 불규칙 동사 (**ser**)

sea	seamos
seas	seáis
sea	sean

- 어느 유형에도 속하지 않는 불규칙 동사 (**ver**)

vea	veamos
veas	veáis
vea	vean

- 어느 유형에도 속하지 않는 불규칙 동사 (**ir**)

vaya	vayamos
vayas	vayáis
vaya	vayan

● 어느 유형에도 속하지 않는 불규칙 동사 (**haber**)

haya	hayamos
hayas	hayáis
haya	hayan

● 어느 유형에도 속하지 않는 불규칙 동사 (**huir**)

huya	huyamos
huyas	huyáis
huya	huyan

● 어느 유형에도 속하지 않는 불규칙 동사 (**saber**)

sepa	sepamos
sepas	sepáis
sepa	sepan

● 어느 유형에도 속하지 않는 불규칙 동사 (**caber**)

quepa	quepamos
quepas	quepáis
quepa	quepan

● **확인하기** (괄호 안에 알맞은 말을 고르세요.)

1. No creo que ellos (sepan / saban) nada del asunto.

2. Nos levantaremos antes de que (salga / sale) el sol.

3. Han llevado a los niños al zoo para que (ven / vean) los animales.

4. Es una lástima que el profesor no (esté / este) aquí.

5. Cuando (tena / tenga) dinero, me compraré un coche.

03 참여마당

● 문법연습

1. 밑줄 안에 알맞은 말을 고르세요. (Señala la palabra correcta):

   > Tenemos miedo de que nuestros jugadores no _____ a sus rivales.

   ① vencen　　　　② vencan　　　　③ venzan

2. 밑줄 안에 알맞은 말을 고르세요. (Señala la palabra correcta):

   > La editorial le dio dos meses a él para que _____ esa novela.

   ① traduce　　　　② traduzca　　　　③ traduca

3. 밑줄 안에 알맞은 말을 고르세요. (Señala la palabra correcta):

   > Ellos me piden que no _____ más.

   ① practico　　　　② practice　　　　③ practique

4. 밑줄 안에 알맞은 말을 고르세요. (Señala la palabra correcta):

   > Me gusta cantar sin que nadie me _____.

   ① oye　　　　② oia　　　　③ oiga

● 틀린 문법 찾기

1. Quiero que ella no lo sabe.

2. No creo que ellos conocen Madrid.

3. Le pedimos a Juan que no lo dice.

4. Yo no creo que ella hace ejercicios.

5. Quiero que ella me protege.

● 핵심요약

- 접속법 현재의 불규칙형에는 다양한 형태들이 있다.
- 불규칙형 가운데 일부는 직설법 1인칭 단수의 형태와 관련이 있다.
- -car, -gar로 끝나는 동사는 각각 –que, -gue로 바뀐다.
- 사용빈도가 높지만 유형화하기 어려운 불규칙 동사들이 있다.

04 심화학습

● 빈 칸에 알맞은 말을 쓰세요. (Rellene el blanco)

1. Juan no cree que ellos ya lo _____.
   후안은 그들이 이미 그것을 알고 있다는 것을 믿지 않는다.

2. Ella se levantará antes de que _____ el sol.
   그녀는 해가 뜨기 전에 일어날 것이다.

3. Llevo a los niños a la escuela para que ellos _____ mucho.
   나는 아이들이 공부를 열심히 하도록 하기 위해서 학교에 데려다 준다.

4. Es una lástima que ellos no lo _____.
   그들이 그것을 지불하지 않는다는 것이 안타깝다.

5. Ellos tienen miedo de que sus caballeros no _____ a sus enemigos.
   그들은 그들의 기사들이 적들을 이기지 못하는 것이 두렵다.

● 괄호 안의 말을 이용해서 다음을 스페인어로 바꾸세요. (Traduzca al español)

1. 나는 그녀가 그것을 알았으면 좋겠어. (Quiero que)
   _____

2. 나는 그녀가 멕시코시티에 가 봤다고 생각해. (Creo que)
   _____

3. 나는 그녀가 나를 보호해 줄지 의심스러워. (Dudo que)
   _____

4. 나는 그녀에게 그것을 이야기하지 말라고 요청해. (Le pido a ella que)
   _____

5. 나는 아무도 나를 보지 않을 때 노래하는 것을 좋아해. (Me gusta cantar sin que nadie me)
   _____

5과

접속법 현재3

01 접속법 현재3
- 학습내용
- 학습목표

02 접속법 현재의 용법
- 어휘
- 확인하기

03 참여마당

04 심화학습

01 접속법 현재3

학습내용
접속법 현재의 문장에서의 쓰임과 구체적인 용법

학습목표
접속법 현재를 문법에 맞게 사용하여 이해와 표현의 의사소통에 도움 이 될 수 있다.

02 접속법 현재의 용법

● 어휘

desear	recomendar	aunque
intentar	imaginar	a fin de que
preferir	justo	ojalá
suplicar	raro	tal vez
dejar	lástima	probablemente
ordenar	vergüenza	para que
esperar	creer	siempre que
pedir	dudoso	quizás
rogar	injusto	posiblemente
aconsejar	probable	suerte
mandar	pena	
permitir	mientras	

1. 명사절에서의 접속법 : 목적어 또는 주어의 역할

Espero que vengas.
Quiero que estudies español. Es necesario que vengas.
Es importante que estudies español.

1.1. 목적어

1.1.1. 원함이나 소망

(desear, esperar, pedir, querer, rogar, suplicar)

Deseo que me ayudes. Espero que tenga buen viaje.
Pido que me escribas una carta. Queremos que usted trabaje aquí. Te ruego que me lo permita.
Le suplicamos que usted nos enseñe el español.

1.1.2. 감정 (alegrarse de, sentir, lamentar, temer)

Me alegro de que estudies español conmigo. Siento mucho que tu padre esté enfermo.
Lamento que no podamos vernos esta semana. Tememos que no apruebes el examen.

1.1.3. 명령, 허가, 금지 (hacer, ordenar, mandar, aconsejar, recomendar, permitir, dejar, prohibir)

Ella me hace que estudie mucho.
Le ordeno a mi hijo que no haga muchos juegos de internet.
Te aconsejo que los ayudes.
La policía nos recomienda que salgamos de la zona. Mi madre me permite que viaje a España.
Ella me deja que pase por aquí.
La profesora nos prohíbe que fumemos en la clase.

1.1.3. 불확실, 불신 (no creer, no imaginar, no pensar, no parecer, no ser verdad, no estar seguro de)

Ella no cree que usted sea una mala persona.
Ella cree que usted es una mala persona.

No imagino que ellos hablen español.
Yo imagino que ellos hablan español.

No pienso que ella esté en Francia.
Yo pienso que ella está en Francia.

No me parece que esos chicos puedan enseñar el español.
Me parece que esos chicos pueden enseñar el español.

No es verdad que ella venga mañana.
Es verdad que ella viene mañana.

No estoy seguro de que ellas aprendan chino.
Estoy seguro de que ellas aprenden chino.

1.2. 주어 (주관적 평가)

1.2.1. ser + 형용사 (importante, bueno, malo, necesario, fácil, difícil, posible, imposible, probable, útil, inútil, interesante, justo, injusto)

Es importante que se levante temprano.
Es importante levantarse temprano.

Es bueno que no llegue tarde.
Es bueno no llegar tarde.

Es necesario que estudies mucho el español.
Es necesario estudiar mucho el español.

Es fácil que diga la mentira.
Es fácil decir la mentira.

Es posible que ella gane más dinero que yo.
Es posible ganar más dinero.

Es imposible que lleguemos a tiempo al aeropuerto.
Es imposible llegar a tiempo al aeropuerto.

1.2.2. ser + 명사

Es una pena que no puedas estudiar conmigo.
Es una lástima que no estés aquí con nosotros.
Es una vergüenza que hable así.

2. 형용사절에서의 접속법 : 선행하는 명사를 수식

Queremos alquilar un piso que sea barato.
Tengo un piso que es barato.

Busco una persona que hable catalán.
Busco a la persona que habla catalán.

2.1. 불확실, 부정확함

Deseo comprar una camisa que tenga botones rojos.
Buscamos una estudiante que pueda hablar bien el español.
¿Hay alguien que conozca a Juan?

2.2. 부정확함

En esta región no conocemos a nadie que nos ayude. No hay nada que podamos hacer.

3. 부사절에서의 접속법 : 목적, 시간, 배경, 조건

Mi padre está aquí para que me enseñe el español.
Cuando mi madre vuelva a casa, dormiremos.
Mientras usted vea la televisión, yo iré de compras.
El presidente vendrá a Corea del Sur a condición de que el gobierno coreano le garantice la seguridad.

3.1. 목적

Mi madre me despierta temprano para que no llegue tarde a la clase.
Salen de aquí de modo que nadie los vea.
Estoy en España a fin de que los españoles aprendan el coreano.

3.2. 시간

Quiero volver a casa antes de que llueva.
No puedo dormir hasta que termine la telenovela. Siempre que tengas tiempo, puedes venir a mi casa. Cuando llegue a casa, voy a llamarte.

3.3. 배경

Aunque no seas cristiano, debe conocer la Biblia. Mientras tú estés aquí, no te molestaré.
Por más inteligentes que seamos, no podemos dominar una lengua extranjera en un mes.
A pesar de que llueva mucho, iré a la escuela.

3.4. 조건

Esta noche vamos a bailar a no ser que estés cansado. No podemos abrir la tienda sin que el gobierno lo permita. Ella va a asistir a la conferencia con tal de que le paguemos mucho.

4. 독립절에서의 접속법 : 아마도, 소망, Ojalá

Quizá te ame Ana.
Que tengas buena suerte en tu examen.
Ojalá (que) no llueva mucho.

4.1. 아마도

Tal vez tengamos una fiesta el mes que viene.
Posiblemente ese chico no tenga miedo al perro.
Quizás ella venga aquí pronto.

4.2. 소망

Que le vaya todo bien.
Que entre el siguiente.
Que vengas pronto.

4.3. Ojalá

!Ojalá que seas feliz!
Ojalá que lleguemos a casa pronto.
Ojalá que llueva mucho este año.

접속법 현재의 용법

● **확인하기** (괄호 안에 알맞은 말을 고르세요.)

1. Creo que ellos (saben / sepan) la verdad.

2. Nos levantaremos antes de que (salga / sale) el sol.

3. Mi madre me despierta temprano para que no (llego / llegue) tarde a la escuela.

4. Es una lástima que el profesor no nos (enseñe / enseña)

5. Cuando (vuelve / vuelva) a casa, esudiaremos.

03 참여마당

● 문법연습

1. 밑줄 안에 알맞은 말을 고르세요. (Señala la palabra correcta):

   Quiero que ellas me _____.

   ① ayuda ② ayude ③ ayuden

2. 밑줄 안에 알맞은 말을 고르세요. (Señala la palabra correcta):

   Siento mucho que tu padre no _____ bien.

   ① está ② esté ③ enfermo

3. 밑줄 안에 알맞은 말을 고르세요. (Señala la palabra correcta):

   Te _____ que los ayudes.

   ① bueno ② ojalá ③ aconsejamos

4. 밑줄 안에 알맞은 말을 고르세요. (Señala la palabra correcta):

   Queremos alquilar un piso que _____ barato.

   ① está ② es ③ sea

● 틀린 문법 찾기

1. Deseo que tiene buen viaje.

2. Yo creo que ellos vengan a Barcelona.

3. Me parece que esas chicas bonitas sean coreanas.

4. Es una interesante que no pueda trabajar con usted.

5. Busco a la persona que hable bien el español.

● 핵심요약
- 접속법 현재의 용법에는 크게 4가지가 있다.
- 명사절이 가장 빈도가 많은데 명사절은 목적어와 주어로 사용된다.
- 형용사절에서 사용될 경우에는 불확실 또는 부정확을 의미한다.
- 부사절에서 사용될 경우는 목적, 시간, 배경, 조건 등을 나타낸다.
- 독립절에서 접속법이 사용되는 경우도 있다.

04 심화학습

● 빈 칸에 알맞은 말을 쓰세요. (Rellene el blanco)

1. Juan quiere que _____.
   후안은 네가 오기를 바래.

2. Ella desea que me _____.
   그녀는 네가 나를 돕기를 원해.

3. Me alegro de que los niños _____ español contigo.
   나는 아이들이 너와 함께 스페인어를 공부해서 기뻐.

4. Ellos me hacen que _____ contigo.
   그들은 내가 너와 함께 가도록 한다.

5. No es verdad que los niños no _____ aprender bien el coreano.
   그 아이들이 한국어를 잘 배울 수 없다는 것은 사실이 아니다.

● 괄호 안의 말을 이용해서 다음을 스페인어로 바꾸세요. (Traduzca al español)

1. 일찍 일어나는 것은 중요하다. (Es importante que)

2. 스페인어를 열심히 공부하는 것이 필요하다. (Es necesario que)

3. 후안을 아는 사람 누구 있니? (Hay alguien que)

4. 비가 많이 온다고 할지라도 나는 학교에 갈 거야. (voy a ir a la escuela)

5. 나는 네가 빨리 나에게 오면 좋겠다. (vengas pronto)

명령법 1

01 명령법 1
- 학습내용
- 학습목표

02 규칙동사변화
- 어휘
- 명령법

03 연습해 봅시다!

04 참여마당

05 심화학습

01 명령법 1

학습내용
명령법의 동사활용과 문장에서의 쓰임

학습목표

명령법의 동사활용을 할 수 있고 문장에 맞게 사용하여 이해와 표현 의 의사소통에 도움이 될 수 있다.

02 규칙동사변화

● 어휘

voz	paciencia	ventana
contrato	ser bueno	poner la mesa
colaborar	fruta	salir
rápidamente	aprender	invitado

● 명령법

- 긍정명령 VS 부정명령
- 1인칭 명령
- 2인칭 명령
- 3인칭 명령

- **1인칭 명령 또는 주어의 역할**
  - yo에 대한 명령은 존재하지 않음.
  - 1인칭 복수의 명령은 "우리 –합시다"의 의미.
  - 긍정, 부정 모두 접속법 형태를 사용
  - 우리 말합시다. (hablemos)
  - 우리 말하지 맙시다. (no hablemos)
  - 우리 먹읍시다. (comamos)
  - 우리 먹지 맙시다. (no comamos)
  - 우리 삽시다. (vivamos)
  - 우리 살지 맙시다. (no vivamos)

dar	demos	no demos
decir	digamos	no digamos
hacer	hagamos	no hagamos
ir	vayamos	no vayamos
poner	pongamos	no pongamos
salir	salgamos	no salgamos
ser	seamos	no seamos
tener	tengamos	no tengamos
traer	traigamos	no traigamos
venir	vengamos	no vengamos

규칙동사변화

- **2인칭 명령**
  - tú에 대한 명령은 긍정형의 경우 일부 불규칙을 제외하고 직설법 현재 3인칭 단수와 동일함.
  - 부정형은 접속법 형태를 사용함.
  - vosotros에 대한 긍정명령형은 끝에 'r'을 빼고 'd'를 붙임.

  - 너 말해! (habla)
  - 너 먹어! (come)
  - 너 살아! (vive)
  - 너희들 말해! (hablad)
  - 너희들 먹어! (comed)
  - 너희들 살아! (vivid)

  - 너 말하지 마! (no hables)
  - 너 먹지 마! (no comas)
  - 너 살지 마! (no vivas)
  - 너희들 말하지 마! (no habléis)
  - 너희들 먹지 마! (no comáis)
  - 너희들 살지 마! (no viváis)

- **2인칭 명령 불규칙 형**

	tú 긍정형	tú 부정형	vosotros 긍정형	vosotros 부정형
dar	da	no des	dad	no deis
decir	di	no digas	decid	no digáis
hacer	haz	no hagas	haced	no hagáis
ir	ve	no vayas	id	no vayáis
poner	pon	no pongas	poned	no pongáis
salir	sal	no salgas	salid	no salgáis
ser	sé	no seas	sed	no seáis
tener	ten	no tengas	tened	no tengáis
traer	trae	no traigas	traed	no traigáis
venir	ven	no vengas	venid	no vengáis

규칙동사변화

● **3인칭 명령**

- 긍정형과 부정형 모두 접속법을 사용함.
- 당신 말해! (hable)
- 당신 먹어! (coma)
- 당신 살아! (viva)
- 당신들 말해! (hablen)
- 당신들 먹어! (coman)
- 당신들 살아! (vivan)
- 당신 말하지 마! (no hable)
- 당신 먹지 마! (no coma)
- 당신 살지 마! (no viva)
- 당신들 말하지 마! (no hablen)
- 당신들 먹지 마! (no coman)
- 당신들 살지 마! (no vivan)

● **3인칭 명령 불규칙 형**

	usted 긍정형	usted 부정형	ustedes 긍정형	ustedes 부정형
dar	dé	no dé	den	no den
decir	diga	no diga	digan	no digan
hacer	haga	no haga	hagan	no hagan
ir	vaya	no vaya	vayan	no vayan
poner	ponga	no ponga	pongan	no pongan
salir	salga	no salga	salgan	no salgan
ser	sea	no sea	sean	no sean
tener	tenga	no tenga	tengan	no tengan
traer	traiga	no traiga	traigan	no traigan
venir	venga	no venga	vengan	no vengan

03 연습해 봅시다!

● 다음을 부정명령형으로 바꿔 보세요.

1. Habla en voz alta. → _____
2. Comprad frutas. → _____
3. Firmen los contratos. → _____
4. Aprende a colaborar. → _____
5. Comed mucho. → _____
6. Venda la casa. → _____
7. Abre las ventanas. → _____
8. Vivamos juntos. → _____
9. Subid rápidamente. → _____

● 확인하기 (괄호 안에 알맞은 말을 고르세요.)

1. Di la verdad → No (digas / dices) la verdad.
2. Haz lo que te digo → No (hagas / haga) lo que te digo.
3. Pon la mesa → No (pongas / pon) la mesa.
4. Sal de aquí → No (salga / salgas) de aquí.
5. Ten paciencia → No (tienes / tengas) paciencia.

04 참여마당

● 문법연습

1. 밑줄 안에 알맞은 말을 고르세요. (Señala la palabra correcta):

Ten miedo. → No _____ miedo.

① tiene　　　　　　② ten　　　　　　③ tengas

2. 밑줄 안에 알맞은 말을 고르세요. (Señala la palabra correcta):

Ven a mi casa. → No _____ a mi casa.

① viene　　　　　　② vengas　　　　　　③ venga

3. 밑줄 안에 알맞은 말을 고르세요. (Señala la palabra correcta):

No digas la verdad. → _____ la verdad.

① Dices　　　　　　② Dice　　　　　　③ Di

4. 밑줄 안에 알맞은 말을 고르세요. (Señala la palabra correcta):

No asistan a las clases. → _____ a las clases.

① asistes　　　　　　② asisten　　　　　　③ asistan

● 틀린 문법 찾기

1. Hace lo que te digo.

2. Pone la mesa.

3. Sale de aquí.

4. Se bueno con mis invitados.

5. Viene a mi casa.

● 핵심요약
- 명령법에는 긍정형과 부정형이 있다.
- 명령법에는 1인칭, 2인칭, 3인칭에 해당하는 형태가 있다.
- 2인칭 명령법에는 불규칙형이 있다.

05 심화학습

● 빈 칸에 알맞은 말을 쓰세요. (Rellene el blanco)

1. ¡No _____!
   너 말하지 마!

2. ¡No _____!
   너희들 먹지 마!

3. ¡No _____!
   당신들 오지 마!

4. ¡No _____!
   당신 나가지 마!

5. ¡_____!
   너 말해!

● 괄호 안의 말을 이용해서 다음을 스페인어로 바꾸세요. (Traduzca al español)

1. 너 작은 소리로 말해! (en voz baja)
   _____

2. 너희들 빨리 올라가! (subir)
   _____

3. 너 스페인어 말하는 것을 배워라! (hablar español)
   _____

4. 너희들 그 집을 사라! (la casa)
   _____

5. 당신, 나에게 사실을 이야기하지 마요! (decir la verdad)
   _____

명령법 2

01 **명령법 2**
- 학습내용
- 학습목표

02 **명령법과 목적대명사**
- 어휘
- 명령법과 목적대명사
- 명령법과 재귀대명사

03 **참여마당**

04 **심화학습**

01 명령법 2

학습내용
명령법의 다양한 표현들과 문장에서의 쓰임

학습목표
목적대명사가 명령법에서 어떻게 사용되는지 알 수 있고 다양한 명령 표현들을 문장에 맞게 사용하여 이해와 표현의 의사소통에 도움이 될 수 있다.

02 명령법과 목적대명사

● 어휘

levantarse	traer	salirse
lavarse	agua	ponerse
quedarse	ducharse	vaso
callarse	sentarse	

● 명령법과 목적대명사

- 긍정명령에서는 목적대명사를 동사 뒤에 한 단어처럼 붙여서 쓴다.
  (예: Hazlo)

- 필요한 경우 강세를 표시한다. (예: Cómalo)

- 직접목적대명사와 간접목적대명사가 같이 올 경우 간접+직접의 순서대로 쓴다. (예: Dígamelo)

- 부정명령에서는 목적대명사를 no 와 동사 사이에 쓴다.
  (예: No lo hagas, No lo coma, No me lo diga)

- **붙여서 쓰세요. 강세를 생각하세요.**

  - Lo haz (X)   Hazlo (O)
  - Lo haga (X)   Hágalo (O)
  - Me habla (X)   Háblame (O)
  - Lo coma (X)   Cómalo (O)
  - Léalosnos (X)   Léanoslos (O)
  - Dígalame (X)   Dígamela (O)

- **부정명령은 나눠서 쓰세요.** (순서주의)

  - No hagas lo (X)   No lo hagas (O)
  - No haga lo (X)   No lo haga (O)
  - No hables me (X)   No me hables (O)
  - No coma lo (X)   No lo coma (O)
  - No lea nos los (X) No nos los lea (O)
  - No diga me la (X) No me la diga (O)

- **다음 문장에서 틀린 부분을 알맞게 고치세요.**

  - Lo haz   → _____
  - Lo haga   → _____
  - Me habla   → _____
  - No hagas lo   → _____
  - No haga lo   → _____
  - No hables me   → _____
  - No coma lo   → _____
  - No lea nos los → _____
  - No diga me la → _____

명령법과 목적대명사

● 명령법과 재귀대명사

- 재귀대명사의 명령형은 긍정명령에서 동사 뒤에 붙여쓴다.
  이 때 강세표시에 주의한다. (lavate(X), lávate(O), se siente(X), siéntese(O), levantemonos(X), levantémonos(O))

- 긍정명령의 1인칭 복수에서는 's'를 빼고 'nos'를 붙인다.
  (salgámosnos (X), salgámonos (O))

- 긍정명령 2인칭 복수에서는 d를 탈락시키고 os를 붙인다. Idos는 예외이다.
  (Lavaos, Callaos)

- 부정명령은 no와 동사 사이에 재귀대명사를 쓴다.
  (No te acuestes, No se siente aquí)

- 재귀대명사의 명령형은 다음과 같다.

haber

	긍정명령	부정명령
tú	lávate	no te laves
usted	lávese	no se lave
nosotros	lavémonos	no nos lavemos
vosotros	lavaos	no os lavéis
ustedes	lávense	no se laven

sentarse

	긍정명령	부정명령
tú	siéntate	no te sientes
usted	siéntese	no se siente
nosotros	sentémonos	no nos sentemos
vosotros	sentaos	no os sentéis
ustedes	siéntense	no se sienten

levantarse

	긍정명령	부정명령
tú	levántate	no te levantes
usted	levántese	no se levante
nosotros	levantémonos	no nos levantemos
vosotros	levantaos	no os levantéis
ustedes	levántense	no se levanten

명령법과 목적대명사

irse

	긍정명령	부정명령
tú	vete	no te vayas
usted	váyase	no se vaya
nosotros	vayámonos	no nos vayamos
vosotros	Idos	no os vayáis
ustedes	váyanse	no se vayan

quedarse

	긍정명령	부정명령
tú	quédate	no te quedes
usted	quédese	no se quede
nosotros	quedémonos	no nos quedemos
vosotros	quedaos	no os quedéis
ustedes	quédense	no se queden

- 다음 문장에서 틀린 부분을 알맞게 고치세요.

lavate → _____
se siente → _____
levantemonos → _____
salgámosnos → _____
levantémosnos → _____
sentemosnos → _____
quedados → _____
los → _____
vayase → _____

- **다양한 명령 표현들**

    직설법 미래
    - No saldrás de aquí.
    - Te callarás en la clase.
    - Estudiarás mucho el español.
    - No volveréis a comer la carne.

    No + 동사원형
    - No fumar
    - No entrar
    - No tocar
    - No tomar estas pastillas.

    A + 동사원형
    - A correr
    - A comer
    - A trabajar
    - A dormir

- **다음을 부정명령형으로 바꿔 보세요.**

    1. Dime la verdad.
        → _____

    2. Ponte un traje.
        → _____

    3. Mírame.
        → _____

    4. Levantaos.
        → _____

명령법과 목적대명사

5. Tráeme un vaso de agua.

→ _____

6. Diles la verdad a tus padres.

→ _____

7. Dúchense ahora mismo.

→ _____

8. Quédate en la casa.

→ _____

9. Idos ahora.

→ _____

● **확인하기** (괄호 안에 알맞은 말을 고르세요.)

1. 우리 일찍 일어나자.

→ (Levantémonos / Levantémosnos) temprano.

2. 너 세수해라.

→ (Lávate / Lavase) la cara.

3. 당신 날마다 샤워하세요.

→ (Dúchese / Duchase) todos los días.

4. 너희들 지금 가라.

→ (Ios / Idos) ahora.

5. 우리 여기에 앉읍시다.

→ (Sentémosnos / Sentémonos) aquí.

03 참여마당

● 문법연습

1. 밑줄 안에 알맞은 말을 고르세요. (Señala la palabra correcta):

Quédate. → No _____.

① te quedas　　② se queda　　③ te quedes

2. 밑줄 안에 알맞은 말을 고르세요. (Señala la palabra correcta):

Siéntate en la silla. → No _____ en la silla.

① te sientas　　② te sientes　　③ te siente

3. 밑줄 안에 알맞은 말을 고르세요. (Señala la palabra correcta):

No te levantes temprano. → _____ temprano.

① Te levantas　　② Levatese　　③ Levántate

4. 밑줄 안에 알맞은 말을 고르세요. (Señala la palabra correcta):

No se lave la cara. → _____ la cara.

① Lavase　　② Lávase　　③ Lávese

● 틀린 문법 찾기

1. No te duchas.

2. Sientate aquí.

3. Por comer. (먹어라)

4. Levantados a las seis de la mañana.

5. Quedémosnos aquí.

● 핵심요약

- 목적대명사가 명령법에 사용될 경우에는 긍정명령과 부정명령에 차이가 있다.
- 긍정명령에서 재귀대명사가 사용될 경우에는 강세에 주의한다.
- 2인칭 복수의 재귀대명사 긍정명령에서 'd'를 생략한다.
- 다양한 명령의 표현들이 있다.

04 심화학습

● 빈 칸에 알맞은 말을 쓰세요. (Rellene el blanco)

1. ¡_____!
   당신 그것을 하세요!

2. ¡_____!
   너 그것을 먹어!

3. ¡_____!
   우리에게 그것을 당신이 읽어주세요!

4. ¡No te _____!
   너 앉지 마!

5. ¡_____!
   너 일어나!

● 괄호 안의 말을 이용해서 다음을 스페인어로 바꾸세요. (Traduzca al español)

1. 너 세수해! (la cara)
   _____

2. 너희들 빨리 올라가! (subir)
   _____

3. 너 그것을 해라! (lo)
   _____

4. 너 자지 마라! (acostarse)
   _____

5. 너희들 조용히 해! (callarse)
   _____

8과

접속법 과거1

01 접속법 과거1
- 학습내용
- 학습목표

02 규칙동사변화
- 접속법 과거
- 어휘

03 불규칙동사변화

04 참여마당

05 심화학습

01 접속법 과거1

학습내용
접속법 과거의 동사활용과 문장에서의 쓰임

학습목표
접속법 현재의 불규칙 동사활용을 할 수 있고 문장에 맞게 사용하여 이해와 표현의 의사소통에 도움이 될 수 있다.

02 규칙동사변화

● 접속법 과거

- 접속법 과거의 형태는 –ra형과 –se형이 있는데 현대스페인어에서는 –ra형을 선호한다.

- 접속법 과거의 형태는 직설법 과거 3인칭 복수에서 –ron을 떼어내고 그 자리에 –ra, -ras, -ra, -ramos, -rais, -ran을 붙인다.

- Dudo que ella sea mexicana.
  Dudaba que ella fuera mexicana.

- Quiero que tengas suerte en el examen.
  Quería que tuvieras suerte en el examen.

● 어휘

mentir	pedir	andar
preferir	sentir	creer
servir	seguir	caber
dormir	morir	huir
conducir	producir	
traducir	concluir	

- **-ar 동사의 접속법 과거 형태 (-ra형)**

hablara	habláramos
hablaras	hablarais
hablara	hablaran

- **-ar 동사의 접속법 과거 형태 (-se형)**

- **cantar**

cantara	cantáramos
cantaras	cantarais
cantara	cantaran

- **estudiar**

estudiara	estudiáramos
estudiaras	estudiarais
estudiara	estudiaran

- **bailar**

bailara	bailáramos
bailaras	bailarais
bailara	bailaran

규칙동사변화

- **besar**

besara	besáramos
besaras	besarais
besara	besaran

- **-er 동사의 접속법 과거 형태 (-ra형)**

com**iera**	com**iéramos**
com**ieras**	com**ierais**
com**iera**	com**ieran**

- **-er 동사의 접속법 과거 형태 (-se형)**

com**iese**	com**iésemos**
com**ieses**	com**ieseis**
com**iese**	com**iesen**

- **deber**

debiera	debiéramos
debieras	debieran
debiera	debiera

- **vender**

vendiera	vendiéramos
vendieras	vendierais
vendiera	vendieran

• -ir 동사의 접속법 과거 형태

viv**iera**	viv**iéramos**
viv**ieras**	viv**ierais**
viv**iera**	viv**ieran**

• escribir

escribiera	escribiéramos
escribieras	escribierais
escribiera	escribieran

• subir

subiera	subiéramos
subieras	subierais
subiera	subieran

03 불규칙동사변화

• 어근모음이 변하는 동사 (poder)

pudiera	pudiéramos
pudieras	pudierais
pudiera	pudieran

• dar

diera	diéramos
dieras	dierais
diera	dieran

• hacer

hiciera	hiciéramos
hicieras	hicierais
hiciera	hicieran

• venir

viniera	viniéramos
vinieras	vinierais
viniera	vinieran

• haber

hubiera	hubiéramos
hubieras	hubierais
hubiera	hubieran

다음의 동사들도 변화시켜 봅시다.

pedir	
mentir	
sentir	
servir	
seguir	
dormir	
morir	

- 자음과 모음이 변하는 동사 (saber)

supiera	supiéramos
supieras	supierais
supiera	supieran

- poner

pusiera	pusiéramos
pusieras	pusierais
pusiera	pusieran

- querer

quisiera	quisiéramos
quisieras	quisierais
quisiera	quisieran

불규칙동사변화

- **decir**

dijera	dijéramos
dijeras	dijerais
dijera	dijeran

다음의 동사들도 변화시켜 봅시다.

producir	
conducir	
traducir	

- 자음이 추가되는 동사 (leer)

leyera	leyéramos
leyeras	leyerais
leyera	leyeran

- **oír**

oyera	oyéramos
oyeras	oyerais
oyera	oyeran

- **estar**

estuviera	estuviéramos
estuvieras	estuvierais
estuviera	estuvieran

- **tener**

tuviera	tuviéramos
tuvieras	tuvierais
tuviera	tuvieran

- **ser, ir**

fuera	fuéramos
fueras	fuerais
fuera	fueran

다음의 동사들도 변화시켜 봅시다.

andar	
caer	
creer	
incluir	
concluir	
huir	
ir	

불규칙동사변화2

● **확인하기** (괄호 안에 알맞은 말을 고르세요.)

1. Ella me pidió que les (recibiera / reciba).

2. Ellas abrieron la ventana para que (entrara / entre) el aire.

3. Te prohibía que (pases / pasaras) la zona.

4. Tenía miedo de que tú no (llegaras / llegues) a tiempo a la clase.

5. Esperaba que usted (estudie / estudiara) mucho el español.

04 참여마당

● 문법연습

1. 밑줄 안에 알맞은 말을 고르세요. (Señala la palabra correcta):

   Quería que tú me lo _____.

   ① digas   ② dices   ③ dijeras

2. 밑줄 안에 알맞은 말을 고르세요. (Señala la palabra correcta):

   No creía que ella _____ coreana.

   ① es   ② fuera   ③ sea

3. 밑줄 안에 알맞은 말을 고르세요. (Señala la palabra correcta):

   No estaba seguro de que ella _____ en Seúl.

   ① viva   ② vivía   ③ viviera

4. 밑줄 안에 알맞은 말을 고르세요. (Señala la palabra correcta):

   No creía que ella _____ sólo en ti.

   ① piense   ② pensaba   ③ pensara

● **틀린 문법 찾기**

1. Ellos quisieron que ella no cantaba.

2. Ella dudó que ellos lleguen a tiempo.

3. Le pedí a Juan que no me mienta.

4. Me gustaría que ella estudie mucho.

5. Te rogaba que me ayude.

● **핵심요약**
- 접속법 과거 현재의 동사 변화형에는 규칙형과 불규칙형이 있다.
- 접속법 과거의 형태는 –ra형과 –se형이 있는데 현대스페인어에서는 –ra형을 선호한다.
- 접속법 과거의 형태는 직설법 과거 3인칭 복수에서 –ron을 떼어내고 그 자리에 –ra, -ras, -ra, -ramos, -rais, -ran 을 붙인다

05 심화학습

● 빈 칸에 알맞은 말을 쓰세요. (Rellene el blanco)

1. Ella me pidió que yo lo _____.
   그녀는 내게 그것 받기를 요청했다.

2. Ella abrió la ventana para que _____ el aire.
   그녀는 공기가 들어오도록 창문을 열었다.

3. Ella te prohibía que _____.
   그녀는 네가 담배 피우는 것을 금지했다.

4. Ellos tenían miedo de que no _____ a tiempo.
   그들은 네가 제 시간에 도착하지 못할까봐 두려워했다.

5. Ellos esperaban que ustedes _____ mucho el español.
   그들은 당신들이 스페인어를 열심히 공부하기를 원했다.

● 괄호 안의 말을 이용해서 다음을 스페인어로 바꾸세요. (Traduzca al español)

1. 나는 네가 그 책 읽기를 원했어. (quería que)

2. 나는 그녀가 한국 사람이었다고 믿지 않았어. (coreana)

3. 나는 그녀가 사실을 말했다는 것이 의심스러워. (dudaba que)

4. 나는 그녀가 그 길을 안다는 것에 확신이 가지 않았어. (no estar seguro de que)

5. 나는 그녀가 나를 좋아했다고 믿었어. (creía que)

접속법 과거2

01 접속법 과거2
- 학습내용
- 학습목표

02 접속법 과거의 용법
- 어휘

03 참여마당

04 심화학습

01 접속법 과거2

학습내용
접속법 과거의 문장에서의 쓰임과 구체적인 용법

학습목표
접속법 과거가 명사절과 형용사절에서 어떻게 사용되는 지를 알고 문 법에 맞게 사용하여 이해와 표현의 의사소통에 도움이 될 수 있다.

02 접속법 과거의 용법

● **어휘**

ayudar	carta	alquilar
necesario	aconsejar	barato
viaje	mandar	semana
enfermo	permitir	suerte
dejar	fumar	estar seguro de
ordenar	necesario	catalán
miedo	viaje	temprano
suerte	levantarse	anotar el gol

- 접속법 과거는 과거의 일정 시점에서 발생여부가 확실하지 않거나 확인되지 않은 사건을 나타낸다.

Quiero que ellos me ayuden.
Quería que ellos me ayudaran.

Tengo miedo de que ellos no me entiendan.
Tenía miedo de que ellos no me entendieran.

1. 명사절에서의 접속법 : 목적어 또는 주어의 역할

Espero que vengas.
Esperaba que vinieras.

Quiero que estudies español.
Quería que estudiaras espñol.

Es necesario que vengas.
Era necesario que vinieras.

Es importante que estudies español.
Era importante que estudiara español.

1.1. 목적어

1.1.1. 원함이나 소망 (desear, esperar, pedir, gustar, rogar, suplicar)
　　　Ellos deseaban que ella tuviera mucha suerte
　　　Esperaba que tuviera buen viaje.
　　　Ella me pidió que le escribiera una carta.
　　　Me gustaría que usted trabajara aquí.
　　　Te rogaba que me lo permitiera.
　　　Le suplicaba que usted nos enseñara el español.

1.1.2. 감정 (alegrarse de, sentir, lamentar, temer)
　　　Me alegraba de que usted estudiara español conmigo.
　　　Sentí mucho que tu padre estuviera enfermo.
　　　Lamentaba que no pudiéramos vernos esta semana.
　　　Tuvimos miedo de que no nos entendieras.

1.1.3. 명령, 허가, 금지 (hacer, ordenar, mandar, aconsejar, recomendar, permitir, dejar, prohibir)
　　　Ella me prohibió que fumara.
　　　Le ordenó a mi hijo que no hiciera muchos juegos de internet.

접속법 과거의 용법

Te aconsejaba que los ayudaras.
La policía me recomendó que saliera de la zona.
Mi madre me permitió que viajara a España.
Ella me dejó que pasara por aquí.

1.1.2. 불확실, 불신 (no creer, no imaginar, no pensar, no parecer, no ser verdad, no estar seguro de)

Ella no creía que usted sea una mala persona.
No imaginaba que ellos hablaran español.
No pensaba que ella estuviera en Francia.
No me parecía que esos chicos pudieran enseñar el español.
No estaba seguro de que ellas aprendieran chino.

1.2. 주어 (주관적 평가)

1.2.1. ser + 형용사 (importante, bueno, malo, necesario, fácil, difícil, posible, imposible, probable, útil, inútil, interesante, justo, injusto, interesante)

Era importante que se levantara temprano.
Era importante levantarse temprano.

Era bueno que no llegara tarde.
Era bueno no llegar tarde.

Era necesario que estudiaras mucho el español.
Era necesario estudiar mucho el español.

Era fácil que dijera la mentira.
Era fácil decir la mentira.

Era posible que ella ganara más dinero que yo.
Era posible ganar más dinero.

Era imposible que llegaramos a tiempo al aeropuerto.
Era imposible llegar a tiempo al aeropuerto.

1.2.2. ser + 명사
Era una pena que no pudieras estudiar conmigo.
Era una lástima que no estuvieras aquí con nosotros.
Era una vergüenza que hablara así

2. 형용사절에서의 접속법 : 선행하는 명사를 수식

Queríamos alquilar un piso que fuera barato.
Buscaba una persona que hablara catalán.

2.1. 불확실, 부정확함

Deseaba comprar una camisa que tuviera botones rojos.
Buscábamos una estudiante que pudiera hablar bien el español.
¿Había alguien que conociera a Juan?

2.2. 부정확함

En esta región no conocía a nadie que me ayudara.
No había nada que pudiéramos hacer.

접속법 과거의 용법

● **확인하기** (괄호 안에 알맞은 말을 고르세요.)

1. No Creía que ellos (supieran / sepan) la verdad.

2. Quería que ellos me (ayuden / ayudaran).

3. Era una lástima que el profesor no nos (enseñara / enseña).

4. Era importante que se (levante / levantara) temprano.

5. Me alegré de que (　　　　).
   나는 네가 그것(lo)을 한다고 하니 기뻤다.

6. No creía que Park Jisung (　　　　).
   나는 박지성 선수가 골을 넣을 거라고 믿지 않았다.

03 참여마당

● 문법연습

1. 밑줄 안에 알맞은 말을 고르세요. (Señala la palabra correcta):

Quería que ellas me _____.

① ayudan　　　② ayuden　　　③ ayudaran

2. 밑줄 안에 알맞은 말을 고르세요. (Señala la palabra correcta):

Sentía mucho que tu padre _____ mal.

① estaba　　　② estuviera　　　③ está

3. 밑줄 안에 알맞은 말을 고르세요. (Señala la palabra correcta):

Te _____ que me enseñaras español.

① bueno　　　② ojalá　　　③ pedí

4. 밑줄 안에 알맞은 말을 고르세요. (Señala la palabra correcta):

Queríamos alquilar un piso que _____ barato.

① fue　　　② estaba　　　③ fuera

● **틀린 문법 찾기**

1. Deseaba que tenías buen viaje.

2. No creía que el profesor famoso nos enseña la gramática.

3. No me parecía que esas chicas bonitas eran coreanas.

4. Era imposible que llegamos a la escuela a tiempo.

5. Buscaba una persona que pudieran hablar coreano.

● **핵심요약**
- 접속법 과거의 용법에는 명사절과 형용사절에서의 용법이 있다.
- 명사절은 목적어와 주어로 사용된다.
- 형용사절에서 사용될 경우에는 불확실 또는 부정확을 의미한다.

04 심화학습

● **빈 칸에 알맞은 말을 쓰세요.** (Rellene el blanco)

1. Juan no creó que ellos ya lo _____.
   후안은 그들이 이미 그것을 알고 있다는 것을 믿지 않았다.

2. Me alegraba de que usted _____ español conmigo.
   나는 당신이 나와 스페인어를 공부한 것이 기뻤다.

3. Te aconsejaba que los _____ mucho.
   나는 네가 그들을 많이 돕도록 조언했다.

4. Era necesario que ellos _____ la verdad.
   그들이 사실을 말하는 것이 필요했다.

5. Yo buscaba una persona que _____ catalán.
   나는 카탈루냐어를 말하는 사람을 찾았다.

● **괄호 안의 말을 이용해서 다음을 스페인어로 바꾸세요.** (Traduzca al español)

1. 나는 빨간 색 단추가 있는 셔츠를 사고 싶었어. (Deseaba)
   _____

2. 그 교수님이 우리를 가르치지 않는다는 사실에 슬펐다. (Era una lástima)
   _____

3. 그들은 너의 아버지가 편찮으시다는 것에 대해 많이 유감스러워 했다. (sentir, estar mal)
   _____

4. 나는 그녀에게 그것을 이야기하지 말라고 요청했어. (Le pedí a ella que)
   _____

5. 나는 값싼 집을 하나 빌리고 싶었다. (alquilar una casa)
   _____

접속법 과거3

01 접속법 과거3
- 학습내용
- 학습목표

02 접속법 과거의 다양한 용법
- 어휘

03 참여마당

04 심화학습

01 접속법 과거3

학습내용
접속법 과거의 문장에서의 쓰임과 부사절 및 다양한 상황에서의 구체 적인 용법

학습목표
접속법 과거형태를 문법에 맞게 사용하여 이해와 표현의 의사소통에 도움이 될 수 있다.

02 접속법 과거의 다양한 용법

● 어휘

funcionario	conferencia	asistir
de manera que	de modo que	contento
asistenta	de forma que	
permitir	prometer	

1. 부사절에서의 접속법 : 목적, 시간, 배경, 조건

Mi padre me compró una revista para que la leyera.
Antes de que terminara la clase, yo salí.
El dueño de la casa nos dijo que, mientras estuviéramos aquí, nadie nos molestaría.
Ellas podían terminar las tareas con mi ayuda a condición de que me ayudaran.

1.1. 목적

Mi madre me despertó temprano para que no llegara tarde a la clase.
Ellos salieron de aquí de modo que yo te ayudara.
Estaba en España a fin de que los españoles aprendieran el coreano.

1.2. 시간

Quería volver a casa antes de que lloviera.
No podía dormir hasta que terminara la telenovela.
Siempre que tuvieras tiempo, podías venir a mi casa.
Mi madre me dijo que ya no estaría aquí cuando yo llegara a casa.

1.3. 배경

Aunque trabajaras todos los días, no podrías ser rico.
Mientras estudiáramos en esta universidad, el profesor nos prometió que la asistenta nos ayudaría.

1.4. 조건

Juan no se despertó a no ser que le llamara su madre.
No abrimos la tienda sin que el gobierno lo permitiera.
Ella no asistiría a la conferencia con tal de que le paguemos poco.

2. 독립절에서의 접속법 : ojalá, quién

¡Ojalá (que) tú fueras mi hijo!
¡Ojalá (que) tú seas mi hijo!

¡Ojalá a nosotros nos tocara la lotería!
¡Ojalá a nosotros nos toque la lotería!

¡Quién aprobara el examen!
¡Quién tuviera un novio millonario!

접속법 과거의 다양한 용법

3. 현재사실의 반대를 나타내는 si 가정문

Si yo tuviera tiempo, te visitaría.
No tengo tiempo ahora, por eso no puedo visitarte.

Si estuvieras aquí, te lo preguntaría.
No estás aquí, por eso no puedo preguntártelo.

Si yo estuviera en tu lugar, no lo haría. No estoy en tu lugar, por eso yo lo hice.

4. si 가정문에서 ra형과 se형의 사용법

Si yo tuviera dinero, yo compraría el coche.
Si yo tuviese dinero, yo compraría el coche.
Si yo tuviera dinero, yo comprara el coche.
Si yo tuviese dinero, yo comprara el coche.
Si yo tuviera dinero, yo comprase el coche. (X)
Si yo tendría dinero, yo compraría el coche. (X)
Si yo tuviese dinero, yo comprase el coche. (X)

5. como si fuera

Ella habla siempre como si fuera reina.

El hombre como si conociera a ese autor personalmente.
Bésame, Bésame mucho como si fuera esta noche la última vez.

6. 접속법 과거와 공손표현

Quisiera preguntarle algo.
Querría preguntarle algo.
Quería preguntarle algo.

Quisiera pedirle un favor.
Quisiese pedirle un favor. (X)

¿Podría preguntarle algo?
¿Pudiera preguntarle algo?
¿Pudiese preguntarle algo? (X)

Quisiera rogarle una pequña ayuda.
Querría rogarle una pequña ayuda.

Debieras ser un poco más prudente.
Deberías ser un poco más prudente.

7. 직설법? 접속법?

Ellos estudiaron mucho de modo que sus padres estuvieran contentos.
(그들은 부모님들께서 만족하시도록 열심히 공부했다.)

Ellos estudiaron mucho, de modo que sus padres estaban contentos.
(그들은 열심히 공부했다. 그래서 부모님들께서 만족하셨다.)

Juan se levantó temprano de modo que llegara a la escuela a tiempo.
(Juan은 학교에 제 시간에 도착하도록 일찍 일어났다.)

Juan se levantó temprano, de modo que llegó a la escuela a tiempo.
(Juan은 일찍 일어났다. 그래서 학교에 제 시간에 도착했다.)

접속법 과거의 다양한 용법

Ella explicó el asunto de forma que yo lo entendiera.
(그녀는 내가 이해하도록 그 사건을 설명했다.)

Ella explicó el asunto, de forma que yo lo entendí.
(그녀는 그 사건을 설명했다. 그래서 내가 그것을 이해했다.)

Tuve que conducir lento de manera que el funcionario no me pusiera una multa.
(나는 그 공무원이 나에게 벌금을 부과하지 않도록 천천히 운전해야 했다.)

Tuve que conducir lento, de manera que el funcionario no me puso una multa.
(나는 천천히 운전해야 했다. 그래서 그 공무원이 나에게 벌금을 부과하지 않았다.)

Lo hicimos de modo que ellos nos quisieran.
(우리는 그들이 우리를 좋아하도록 하기 위해 그것을 했다.)

Lo hicimos, de modo que ellos nos quisieron.
(우리는 그것을 했다. 그래서 그들이 우리를 좋아했다.)

Mientras estudiáramos en esta universidad, el profesor nos prometió que la asistenta nos ayudaría.
(우리가 이 대학에서 공부하는 동안 그 여자조교가 우리를 도울 거라고 그 교수님이 우리에게 약속했다.)

Mientras ella veía la televisión, yo fui de compras.
(그녀가 TV를 보는 동안에 나는 쇼핑을 하러 갔다.)

접속법 과거의 다양한 용법

● **확인하기** (괄호 안에 알맞은 말을 고르세요.)

1. Queríamos que lo (hicieras / hagan).

2. Antes de que (saliera / salga) el sol, me marché de casa.

3. Mi madre me despertó temprano para que no (llegue / llegara) tarde a la escuela.

4. Salimos de aquí de modo que nadie nos (viera / vea)

5. Me esforzaba a fin de que me (seleccionen / seleccionaran) para el equipo.

03 참여마당

● 문법연습

1. 밑줄 안에 알맞은 말을 고르세요. (Señala la palabra correcta):

   Me dio permiso para que _____ esta noche.

   ① salga   ② salí   ③ saliera

2. 밑줄 안에 알맞은 말을 고르세요. (Señala la palabra correcta):

   No pasó un día a no ser que me _____ por algo.

   ① sorprenda   ② sorprendiera   ③ sorprende

3. 밑줄 안에 알맞은 말을 고르세요. (Señala la palabra correcta):

   Te _____ que los ayudes.

   ① bueno   ② ojalá   ③ aconsejamos

4. 밑줄 안에 알맞은 말을 고르세요. (Señala la palabra correcta):

   Te visitaría, si _____ tiempo.

   ① tendría   ② tiene   ③ tuviera

● 틀린 문법 찾기

1. ¿Quisiese preguntar algo?

2. Si tuviera dinero ahora, compraré un coche.

3. Bésame mucho como si sea esta noche la última vez.

4. Es una interesante que no pueda trabajar con usted.

5. Busco la persona que hable bien el español.

● 핵심요약
- 접속법 과거가 부사절에서 사용될 경우는 목적, 시간, 배경, 조건 등을 나타낸다.
- 독립절에서 접속법이 사용되는 경우도 있다. 이 때 –se형과 차이점이 있다.

04 심화학습

● 빈 칸에 알맞은 말을 쓰세요. (Rellene el blanco)

1. Quería volver a casa antes de que _____.
   나는 비가 오기 전에 집에 도착하기를 원했다.

2. Yo no podía dormir hasta que _____ la clase.
   나는 수업이 끝날 때까지 잘 수 없었다.

3. Aunque _____ todos los días, no podrías ser rico.
   네가 날마다 일한다 할지라도 너는 부자가 될 수 없을 것이다.

4. Juan no abrió la tienda sin que el gobierno lo _____.
   후안은 정부가 그것을 허락하지 않고는 가게를 열지 않았다.

5. Si yo tuviera tiempo, te _____.
   내가 시간이 있다면 너를 방문할텐데.

● 괄호 안의 말을 이용해서 다음을 스페인어로 바꾸세요. (Traduzca al español)

1. 영화가 끝나기 전에 그들은 나갔다. (Antes de que)
   _____

2. 나의 어머니께서 내가 읽도록 잡지를 한 권 사 주셨다. (para que)
   _____

3. 나는 내 친구들이 한국어를 배우게 하고자 스페인에 있었다. (a fin de que)
   _____

4. 그녀는 항상 여왕처럼 말한다. (como si fuera reina)
   _____

5. 나에게 많이 키스해 줘요 오늘 밤이 마지막인 것처럼. (como si fuera esta noche la última vez)
   _____

접속법 현재완료

01 접속법 현재완료
- 학습내용
- 학습목표

02 동사변화
- 접속법 현재완료
- 어휘

03 용법

04 참여마당

05 심화학습

01 접속법 현재완료

학습내용
접속법 현재완료의 동사활용과 문장에서의 쓰임

학습목표
접속법 현재완료의 동사활용을 할 수 있고 문장에 맞게 사용하여 이해와 표현의 의사소통에 도움이 될 수 있다.

02 동사변화

● 접속법 현재완료

1. 가까운 과거에 완료된 사실을 현재의 시점에서 희망, 불확신, 부정 등을 나타낼 때 쓴다.

   Quiero que ella haya comprado el coche.
   (저는 그녀가 그 차를 샀기를 바랍니다.)

   Quiero que ella compre el coche.
   (저는 그녀가 그 차를 사기를 바랍니다.)

   Esperamos que hayas terminado la tarea.
   (우리는 네가 과제를 했기를 바란다.)

   Esperamos que hayas terminado la tarea.
   (우리는 네가 그 과제를 했기를 바란다.)

   Esperamos que termines la tarea.
   (우리는 네가 그 과제 하기를 바란다.)

2. 미래에 완료될 사실을 현재의 시점에서 희망, 불확신, 부정 등을 나타낼 때 쓴다.

   Queremos que el próximo lunes ellas hayan terminado el proyecto.
   (우리는 다음 월요일에 그녀들이 그 프로젝트를 끝냈기를 바란다.)

   Queremos que el próximo lunes ellas terminen el proyecto.
   (우리는 다음 월요일에 그녀들이 그 프로젝트를 끝낼 것을 바란다.)

3. 과거의 일에 대해 주절 동사가 두려움, 놀라움, 기쁨, 슬픔, 아쉬움 등을 나타낼 때 쓴다.

   Me gusta que lo hayas hecho.
   (나는 네가 그것을 한 것이 기쁘다.)

4. 'ser+형용사'

   Es posible que hayan regresado a casa antes de las diez de la noche.
   (그들이 밤 10시 이전에 집에 돌아온 것은 가능한 일이다.)

● 어휘

pasado mañana	ido	tarde
vivido	dormido	novio
llegado	salido	casa
terminado	instalado	marzo
roto	paquete	estudiar
aprobado	ir de vacaciones	dentro de
comido	examen	llorar
hecho	creer	anoche

● **haber**의 접속법 현재 형태

haya	hayamos
hayas	hayáis
haya	hayan

● **haber**의 접속법 현재 형태 + 과거분사 = 접속법 현재완료

haya + hablado	hayamos + hablado
hayas + hablado	hayáis + hablado
haya + hablado	hayan + hablado

동사변화

● 과거분사 복습

cantar → cantado
comer → comido
vivir → vivido

> dormir, venir, poder, pedir, ir. llegar, terminar, instalar

dormir → dormirdo
poder → podido
ir → ido
abrir → abierto
hacer → hecho
romper → roto
leer → leído
volver → vuelto
poner → puesto

venir → venido
pedir → pedido
terminar → terminado
decir → dicho
ver → visto
oír → oído
satisfacer → satisfecho
morir → muerto

03 용법

1. 가까운 과거에 완료된 사실을 현재의 시점에서 희망, 불확신, 부정을 나타낼 때 쓴다.

> Ella espera que tú hayas comprado el libro.
> Ella espera que tú compres el libro.

그녀는 네가 그 책을 산 것을 바란다.
(가까운 과거에 완료되었기를 희망함)

그녀는 네가 그 책을 살 것을 바란다. (이후에 살 것을 희망함.)

> Ustedes quieren que yo haya terminado el proyecto.
> Ustedes quieren que yo termine el proyecto

당신들은 내가 그 프로젝트를 끝낸 것을 원합니다.
(가까운 과거에 완료되었기를 희망함)

당신들은 내가 그 프로젝트를 끝낼 것을 원합니다.
(이후에 끝낼 것을 희망함.)

> No creo que Julia haya visitado a sus padres.
> No creo que Julia visite a sus padres.

나는 훌리아가 자신의 부모님을 방문했다고 생각하지 않아요.
(가까운 과거에 방문한 것을 믿지 않음)

나는 훌리아가 자신의 부모님을 방문할 거라고 생각하지 않아요.
(앞으로 방문할 것을 믿지 않음)

No estoy seguro de que Juana hayan comprado un traje para su novio.

No estoy seguro de que Juana compre un traje para su novio.

나는 후아나가 자신의 연인을 위해 정장을 하나 샀다고 확신하지 않아요.
(가까운 과거에 산 것을 확신하지 않음)

나는 후아나가 자신의 연인을 위해 정장을 하나 살 거라고 확신하지 않아요.
(앞으로 살 것을 믿지 않음)

Dudamos que ellas hayan dicho la verdad del asunto.
Dudamos que ellas digan la verdad del asunto.

우리는 그녀들이 그 사건의 진실을 말했다는 사실을 의심합니다.
(가까운 과거에 말한 것을 의심함)

우리는 그녀들이 그 사건의 진실을 말할 거라는 사실을 의심합니다.
(앞으로 말할 거라는 것을 의심함)

Juan niega que hayas pensado solo en Juana. Juan niega que pienses solo en Juana.

후안은 네가 후아나만 생각했다는 사실을 부인합니다.
(가까운 과거에 네가 생각한 것을 부인함)

후안은 네가 후아나만 생각할 거라는 사실을 의심합니다.
(앞으로 생각할 거라는 것을 의심함)

2. 미래에 완료될 사실을 현재의 시점에서 희망, 불확신, 부정을 나타낼 때 쓴다.

> Ella espera que el próximo lunes hayas terminado la tarea.

그녀는 다음 월요일에 네가 과제를 끝낼 것을 희망한다.

> No creo que hayas solucionado el problema antes de las 11 de la noche.

나는 네가 밤 11시 전에 해결할 거라고 생각하지 않는다.

> No estoy seguro de que Juan haya terminado el trabajo el lunes que viene.

나는 네가 밤 11시 전에 해결할 거라고 확신하지 않는다.

3. 과거의 일에 대해 주절 동사가 두려움, 놀라움, 기쁨, 슬픔, 아쉬움 등을 나타낼 때 쓴다.

> Me encanta que lo hayas hecho.

나는 네가 그것을 한 것이 기쁘다.

> Me sorprende que Juan se haya puesto la minifalda.

나는 후안이 미니스커트를 입은 것이 놀랍다.

용법

Es una lástima que ella haya muerto.

그녀가 죽은 것이 안타깝다.

Me alegro de que Juan haya venido.

후안이 온 것이 나는 기쁘다.

4. 'ser + 형용사'

Es dudoso que hayas sacado buena nota sin estudiarlo.

네가 그것을 공부하지 않고 좋은 학점을 받았다는 것이 의심스럽다.

Es importante que hayas leído muchos libros.

네가 많은 책을 읽은 것이 중요하다.

Es bueno que hayas aprendido a conducir con ella.

네가 그녀와 운전을 배운 것이 좋다.

용법

● **확인하기** (괄호 안에 알맞은 말을 고르세요.)

1. Es dudoso que (hayas / has) sacado buenas notas sin estudiar.

2. Es importante que ellas (hayan leídos / hayan leído) muchos libros españoles.

3. Creo que Juan (haya visitado / ha visitado) a su profesor.

4. Estoy seguro de que ella (haya comprado / ha comprado) un coche para mí.

5. Dudo que ella (haya dicho / haya dicha) la verdad.

04 참여마당

● 문법연습

1. 밑줄 안에 알맞은 말을 고르세요. (Señala la palabra correcta):

   Esperamos que ella _____ terminado su tarea.

   ① ha　　　　　　　　② has　　　　　　　　③ haya

2. 밑줄 안에 알맞은 말을 고르세요. (Señala la palabra correcta):

   No creo que ellos _____ el problema sin ayuda.

   ① han solucionado
   ② hayan solucionados
   ③ hayan solucionado

3. 밑줄 안에 알맞은 말을 고르세요. (Señala la palabra correcta):

   Me sorprendente que Juana lo _____.

   ① has dicho　　　　② ha dicho　　　　③ hayan dicho

4. 밑줄 안에 알맞은 말을 고르세요. (Señala la palabra correcta):

   Me alegro de que tú me _____ enviado unas cartas de amor.

   ① habrás　　　　　② has　　　　　　　③ hayas

● 틀린 문법 찾기

1. Ella quiere que yo lo he hecho con Juan.

2. Ellos no creen que tú has llegado a mi casa.

3. Ella no está segura de que su marido ha estudiado mucho.

4. Es dudoso que ellas han salido de casa por la mañana.

5. Es bueno que usted se ha levantado temprano.

05 심화학습

● 빈 칸에 알맞은 말을 쓰세요. (Rellene el blanco)

1. Quiero que ella _____ el coche.
   나는 그녀가 자동차를 샀기를 바란다.

2. Ellos esperan que _____ la clase.
   그들은 수업이 끝났기를 기대한다.

3. Me gusta que lo _____.
   나는 네가 그것을 한 것이 기쁘다.

4. Es imposible que ellos lo _____.
   그들이 그것을 허락한 것은 불가능하다.

5. Niego que _____ solo en Juana.
   나는 네가 후아나만 생각했다는 사실을 부인한다.

● 괄호 안의 말을 이용해서 다음을 스페인어로 바꾸세요. (Traduzca al español)

1. 우리는 그녀들이 사실을 말했다는 것을 의심한다. (decir la verdad)
   _____

2. 나는 그들이 그것을 했다는 것이 기쁘다. (Me encanta que)
   _____

3. 네가 많은 책을 읽은 것이 중요하다. (Es importante que)
   _____

4. 후안이 숙제를 끝냈다는 것이 놀랍다. (terminar la tarea)
   _____

5. 나는 그녀가 차를 한 대 샀다고 확신한다. (Estoy seguro de que)
   _____

¡Vamos!
El español en gramática

접속법 과거완료1

01 접속법 과거완료1
- 학습내용
- 학습목표

02 동사변화
- 접속법 과거완료
- 어휘

03 용법

04 참여마당

05 심화학습

01 접속법 과거완료1

학습내용
접속법 과거완료의 동사활용과 문장에서의 쓰임

학습목표
접속법 과거완료의 동사활용을 할 수 있고 문장에 맞게 사용하여 이 해와 표현의 의사소통에 도움이 될 수 있다.

02 동사변화

● 접속법 과거완료

- 과거 시점에서 완료된 것이 불분명할 때

    Quería que mi hija hubiera aprobado el examen.
    Era necesario que ellos hubieran preparado para salir.

- 과거에서 본 미래 일정 시점에 완료될 것이 불분명할 때

    Juana me dijo que ellos no volverían hasta que se hubiera liberado su país.

● 어휘

caer	bendecir	ir de vacaciones
traer	impuesto	ir de compras
llegado	salido	alquilar
maldecir	dicho	arreglar
roto	satisfecho	asistir
traído	ahorrar	morir
aprobar	ayudar	perder
hecho	cubrir	partido

• **haber**의 접속법과거 형태 (-ra형)

hubiera	hubiéramos
hubieras	hubierais
hubiera	hubieran

• **haber**의 접속법과거 형태 (-se형)

hubiese	hubiésemos
hubieses	hubieseis
hubiese	hubiesen

• **haber**의 접속법과거 형태 + 과거분사 = 접속법과거완료

bailara	bailáramos
bailaras	bailarais
bailara	bailaran

● 과거분사 복습

cantar → cantado
comer → comido
vivir → vivido

seguir, huir, aconsejar, asistir, arreglar, ahorrar, alquilar

동사변화

_____	→	seguido
_____	→	aconsejado
_____	→	asistido
_____	→	arreglado
_____	→	ahorrado
_____	→	alquilado

_____	→	cubierto
_____	→	caído
_____	→	traído
_____	→	impuesto
_____	→	devuelto
_____	→	resuelto

_____	→	bendito
_____	→	maldito
_____	→	dicho
_____	→	satisfecho
_____	→	puesto
_____	→	muerto

12과 접속법 과거완료1

동사변화

seguir → seguido asistir → asistido ahorrar → ahorrado	aconsejar → aconsejado arreglar → arreglado alquilar → alquilado
cubrir → cubierto traer → traído devolver → devuelto	caer → caído imponer → impuesto resolver → resuelto
bendecir → bendito decir → dicho poner → puesto	maldecir → maldito satisfacer → satisfecho morir → muerto

03 용법

● **과거 시점에서 완료된 것이 불분명할 때**

Ellos querían que ya hubuéramos ido de vacaciones.

Yo quería que mi hija hubiera aprobado el examen.

Ellas no creían que mi hijo ya hubuera aprobado el examen.

Juan dudaba que su esposa ya hubiera ido de compras a esa hora.

Era necesario que ellos hubieran preparado para salir.

No era verdad que ella hubiese sido mi novia.

Era mentira que hubieses ido al cine.

Buscaba una persona que hubiese luchado en la guerra.

No había nadie que hubiera sido novia de Juan.

● **과거에서 본 미래 일정 시점에 완료될 것이 불분명할 때**

Yo pensaba que ellos podrían arreglar el problema cuando hubieras vuelto al pueblo.

Después de la reunión, ellas lo harían como hubieran decidido.

● **접속법 과거와 접속법 과거완료의 비교**

Me alegré de que lo hicieras.
(네가 그 일을 할 것이 나는 기뻤다.)

Me alegré de que lo hubieras hecho.
(네가 그 일은 이미 한 것이 나는 기뻤다.)

Yo no creía que nuestro equipo perdiera el partido.
(나는 우리 팀이 경기에서 질 거라고 생각하지 않았다.)

용법

Yo no creía que nuestro equipo hubiera perdido el partido.
(나는 우리 팀이 경기에서 졌다고 생각하지 않았다.)

Le pedí que llamara.
(나는 그에게 나를 부를 것을 요청했다.)

Le pedí que hubiera llamado. (X)
(나는 그에게 나를 부른 것을 요청했다???)

Mi madre me prohibió que fuera de compras.
(나의 어머니는 내가 쇼핑갈 것을 금지하셨다.)

Mi madre me prohibió que hubiera ido de compras. (X)
(나의 어머니는 내가 쇼핑간 것을 금지하셨다???)

● **확인하기** (괄호 안에 알맞은 말을 고르세요.)

1. Quería que mi hija (hubiera / hubieras) aprobado el examen.

2. (Es / Era) necesario que ellos hubieran preparado para salir.

3. Juana me dijo que ellos no volverían hasta que (se hubiera / hubiese) liberado su país.

4. Juan dudaba que su esposa ya (iría / hubiera ido) de compras a esa hora.

04 참여마당

● **문법연습**

1. 밑줄 안에 알맞은 말을 고르세요. (Señala la palabra correcta):

> Le pedí que _____.

① hubiera llamado　　② llame　　③ llamara

2. 밑줄 안에 알맞은 말을 고르세요. (Señala la palabra correcta):

> Mi madre me prohibió que _____ de compras.

① hubiera ido　　② fuera　　③ vaya

3. 밑줄 안에 알맞은 말을 고르세요. (Señala la palabra correcta):

> No era verdad que ella _____ mi novia.

① Habrá sido　　② Habría sido　　③ hubiese sido

4. 밑줄 안에 알맞은 말을 고르세요. (Señala la palabra correcta):

> Buscaba una persona que _____ luchado en la guerra.

① ha　　② había　　③ hubiese

● 틀린 문법 찾기

1. Le pedí que me hubiera ayudado.

2. Juan dudaba que su esposa ya fuera de compras a esa hora.

3. El profesor nos prohibió que hubiéramos salido de casa.

4. No había nadie que había sido novia de Juan.

5. Ellas no creían que mi hijo ya habría aprobado el examen.

> ● 핵심요약
> - 접속법 과거완료는 과거시점에서 완료된 것이 불분명할 때 사용된다.
> - 접속법 과거완료는 과거에서 본 미래 일정 시점에 완료될 것이 불분명할 때 사용된다.

05 심화학습

● 빈 칸에 알맞은 말을 쓰세요. (Rellene el blanco)

1. Ella quería que Juan _____ el coche.
   그녀는 후안이 자동차를 한 대 샀기를 바랬다.

2. Ellos esperaban que ya _____ la clase.
   그들은 수업이 이미 끝났기를 기대했다.

3. Era necesario que ellos ya lo _____.
   그들이 이미 그것을 끝냈다는 것이 필요했다.

4. Buscaba una persona que _____ en la guerra.
   나는 전쟁에서 싸웠던 한 사람을 찾았다.

5. Era mentira que _____ al cine.
   네가 극장에 갔다는 것은 거짓말이었다.

● 괄호 안의 말을 이용해서 다음을 스페인어로 바꾸세요. (Traduzca al español)

1. 나는 네가 그것을 했다는 것이 기뻤다. (Me alegré de que)
   _____

2. 나는 내 팀이 경기에서 졌다는 것을 믿지 않았다. (hubiera perdido el partido)
   _____

3. 나는 내 딸이 시험에 통과했기를 바랬다. (hubiera aprobado el examen)
   _____

4. 그녀가 내 애인이었다는 것은 사실이 아니었다. (No era verdad que)
   _____

5. 후안은 그의 부인이 이미 쇼핑을 갔다는 것을 의심했다. (hubiera ido de compras)
   _____

¡Vamos!
El español en gramática

13과

접속법 과거완료2

01 접속법 과거완료2
- 학습내용
- 학습목표

02 동사변화
- 접속법 과거완료2
- 어휘

03 용법

04 참여마당

05 심화학습

01 접속법 과거완료2

학습내용
접속법 과거완료의 다양한 문장에서의 쓰임

학습목표
접속법 과거완료의 다양한 용법 습득을 통해서 이해와 표현의 의사소통에 도움이 될 수 있다.

02 동사변화

● 접속법 과거완료 2

- 가정문에서의 사용

    Si hubiera tenido mucho dinero, habría comprado un coche.
    Si hubieras trabajado mucho, habrías ganado más.

● 어휘

caer	impuesto	alquilar
traer	salido	arreglar
llegado	dicho	asistir
maldecir	satisfecho	morir
roto	ahorrar	perder
traído	ayudar	partido
aprobar	cubrir	
hecho	ir de vacaciones	
bendecir	ir de compras	

03 용법

- **Si + 접속법 과거완료, 가정미래완료**

    Si yo hubiera tenido dinero, lo habría comprado.
    (No tuve dinero, por eso no podía comprarlo)

    Si yo hubiera tenido tiempo, te habría visto a ti.
    (No tuve tiempo, por eso no podía verte a ti.)

    Si ella hubiera leído la novela, habría contestado bien a la pregunta.
    (Ella no leyo la novela, ella no podía contestar bien a la pregunta)

    Si Juan hubiese sido elegido como presidente, habría cambiado todo el país.
    Juan no fue elegido como presidente, por eso no podía cambiar todo el país)

- **Si + 접속법 과거완료, 가정미래**

    Si me hubiera prestado dinero, ahora no sufriría tanto.
    Si yo hubiera estado en China, te ayudaría mejor.

- **Si + 접속법 과거완료 (–ra), 가정미래완료(-ría)**
  Si + 접속법 과거완료 (-se), 가정미래완료(-ría)
  Si + 접속법 과거완료 (–ra), 접속법 과거완료 (–ra)

  Si me hubiera tenido dinero, compraría un coche.
  Si me hubiese tenido dinero, compraría un coche.
  Si me hubiera tenido dinero, comprara un coche.

  Si + 가정미래완료 (X)
  Si + 접속법 과거완료 (–ra/-se), 접속법 과거완료 (–se) (X)
  Si me habría tenido dinero, compraría un coche. (X)
  Si me hubiese tenido dinero, comprase un coche. (X)
  Si me hubiera tenido dinero, comprase un coche. (X)

- **조건절이 생략된 주절에 나타나는 접속법 과거완료**

  Hubiera querido jugar al tenis. (pero no jugué)

  Hubieras ido al médico hace ya semanas. (pero no fuiste)

  Yo hubiera comprado la cama. (pero no la compré)

- **como si + 접속법 과거완료**

  Ella siempre habla como si hubiera sido millonaria.
  (그녀는 항상 백만장자였던 것처럼 말한다.)

  Ella siempre habla como si fuera millonaria.
  (그녀는 항상 백만장자인 것처럼 말한다.)

  Juana habla como si hubiera estado en China.
  Pedro habló como si la hubiera amado a Juana.

● **확인하기** (괄호 안에 알맞은 말을 고르세요.)

1. Si yo hubiera tenido dinero, lo (habría / hubiese) comprado.

2. Si yo (hubiera / habría) tenido dinero, lo habría comprado.

3. Si yo (tendría / hubiera tenido) tiempo, te habría visto a ti.

4. Si me hubiera tenido dinero, (hubiera comprado / comprase) un coche.

04 참여마당

● **문법연습**

1. 밑줄 안에 알맞은 말을 고르세요. (Señala la palabra correcta):

> Si yo hubiera tenido tiempo, te _____ visto a ti.

① hubiese   ② había   ③ habría

2. 밑줄 안에 알맞은 말을 고르세요. (Señala la palabra correcta):

> Si _____ mucho, habrías ganado más.

① hubieras trabajado

② habrías trabajado

③ trabajaras

3. 밑줄 안에 알맞은 말을 고르세요. (Señala la palabra correcta):

> Si ella hubiera leído la novela, _____ contestado bien a la pregunta.

① habrá   ② habría   ③ hubiese

4. 밑줄 안에 알맞은 말을 고르세요. (Señala la palabra correcta):

> Juan _____ sido elegido como presidente, habría cambiado todo el país.

① ha   ② había   ③ hubiese

● 틀린 문법 찾기

1. Si habría tenido dinero, habría comprado un coche.

2. Si hubiese tenido dinero, hubiese comprado un coche.

3. Si yo habría estado en China, te ayudaría mejor.

4. Si ella hubiera leido la novela, habría contestado bien a la pregunta.

5. Si yo hubiera estado libre ayer, pasaría por tu despacho.

● 핵심요약

- 접속법 과거완료는 다양한 형태의 가정문에서 사용된다.
- 접속법 과거완료는 조건절이 생략된 주절에서 사용된다.
- 접속법 과거완료는 **como si** 구문 등에서 사용된다.

05 심화학습

● 빈 칸에 알맞은 말을 쓰세요. (Rellene el blanco)

1. Si yo hubiera tenido dinero, lo _____.
   내가 돈이 있었다면 그것을 샀을 텐데.

2. Si Juan hubiera sido elegido como presidente, _____ todo el país.
   후안이 대통령에 선출되었다면 온 나라를 바꾸었을 텐데.

3. Si yo hubiera tenido tiempo, te _____.
   내가 시간이 있었다면 너를 더 잘 도와주었을 텐데.

4. Si hubieras trabajado mucho, _____ más.
   네가 열심히 일했다면 돈을 더 벌었을 텐데.

5. Ella siempre habla _____ millonaria.
   그녀는 백만장자인 것처럼 항상 말한다.

● 괄호 안의 말을 이용해서 다음을 스페인어로 바꾸세요. (Traduzca al español)

1. 내가 돈이 있었다면 자동차를 한 대 샀을 텐데. (Si yo hubiera tenido)
   _____

2. 내가 대통령에 선출되었다면 온 나라를 바꾸었을 텐데. (Si yo hubiera sido elegido como presidente)
   _____

3. 그녀가 시간이 있었다면 너를 더 잘 도와주었을 텐데. (Si ella hubiera tenido tiempo)
   _____

4. 네가 열심히 공부했다면 장학금을 받았을 텐데. (habrías recibido la beca)
   _____

5. 당신이 그 책들을 읽었다면 그 질문에 잘 대답했을 텐데. (habría contestado bien a la pregunta)
   _____

¡Vamos!
El español en gramática

부록

정답

1과 가정미래

● 확인하기
1. haría
2. volverían
3. vendría
4. será
5. habrá
6. tendría
7. Deberías

● 문법연습
1. ③
2. ②
3. ③
4. ③

● 틀린 문법 찾기
1. viene → vendría
2. habrá → habría
3. tendrá → tendría

● 빈 칸에 알맞은 말을 쓰세요
1. que vendría
2. podrían aguantar
3. dirían toda
4. ir al médico
5. tendrá

● 괄호 안의 말을 이용해서 다음을 스페인어로 바꾸세요.
1. Me gustaría ir con usted pero no puedo.
2. Ella me dijo que lo haría más tarde.
3. ¿Qué hora será?
4. En aquel entonces Juan tendría ochenta años.
5. Ahora habrá mucha gente en la Plaza Mayor.

2과 가정미래완료

● 확인하기
1. habría
2. habría
3. habrá
4. habría
5. Habría

● 문법연습
1. ③
2. ②
3. ③
4. ②

● 틀린 문법 찾기
1. habrá → habría
2. habría → habrá
3. habrán → habrían
4. habrá → habría
5. rompido → roto

● 빈 칸에 알맞은 말을 쓰세요.
1. que ellos ya habrán.
2. dice que
3. habría hecho
4. ya habrá llegado
5. me dijeron que

● 괄호 안의 말을 이용해서 다음을 스페인어로 바꾸세요.
1. Ella me dice que ya lo habrá hecho pasado mañana.
2. Ella me dijo que ya lo habría hecho pasado mañana.
3. Ellos me dicen que ya habrá llegado la carta a mi casa.
4. Ellos me dijeron que ya habría llegado la carta a mi casa.
5. Ella mencionó ayer que ellos ya habrían ido de vacaciones el mes que viene.

3과 접속법 현재1

- 확인하기
  1. reciba
  2. entre
  3. trabajes
  4. llegues
  5. estudie

- 문법연습
  1. ③
  2. ②
  3. ③
  4. ③

- 틀린 문법 찾기
  1. canta → cante
  2. hablan → hablen
  3. miente → mienta
  4. quiera → quiere
  5. repite → repita

- 빈 칸에 알맞은 말을 쓰세요.
  1. reciba
  2. entre
  3. trabajes
  4. llegues
  5. estudien

- 괄호 안의 말을 이용해서 다음을 스페인어로 바꾸세요.
  1. Quiero que me lo digas.
  2. Yo creo que ella es mexicana.
  3. Dudo que ella sea mexicana.
  4. No creo que ella coma el perro.
  5. Creo que ella me quiere.

4과 접속법 현재2

- 확인하기
  1. sepan
  2. salga
  3. vean
  4. esté
  5. tenga

- 문법연습
  1. ③
  2. ②
  3. ③
  4. ③

- 틀린 문법 찾기
  1. sabe → sepa
  2. conocen → conozcan
  3. dice → diga
  4. hace → haga
  5. protege → proteja

- 빈 칸에 알맞은 말을 쓰세요.
  1. sepan
  2. salga
  3. estudien
  4. paguen
  5. venzan

- 괄호 안의 말을 이용해서 다음을 스페인어로 바꾸세요.
  1. Quiero que ella lo sepa.
  2. Creo que ella conoce la ciudad de México.
  3. Dudo que ella me proteja.
  4. Le pido a ella que no lo diga.
  5. Me gusta cantar sin que nadie me vea.

5과 접속법 현재3

- 확인하기
  1. saben
  2. salga
  3. llegue
  4. enseñe
  5. vuelva

- 문법연습
  1. ③
  2. ②
  3. ③
  4. ③

- 틀린 문법 찾기
  1. tiene → tenga
  2. vengan → vienen
  3. sean → son
  4. interesante → pena o látisima
  5. hable → habla

- 빈 칸에 알맞은 말을 쓰세요.
  1. vengas
  2. ayudes
  3. estudien
  4. vaya
  5. puedan

● 괄호 안의 말을 이용해서 다음을 스페인어로 바꾸세요.
1. Es importante que se levante temprano.
2. Es necesario que estudie mucho el español.
3. ¿Hay alguien que conozca a Juan?
4. Aunque llueva mucho, voy a ir a la escuela.
5. Quiero que me vengas pronto.

6과 명령법 1

● 다음을 부정명령형으로 바꿔 보세요.
1. No hables en voz alta.
2. No compréis frutas.
3. No firmen los contratos.
4. No aprendas a colaborar.
5. No comáis mucho.
6. No venda la casa.
7. No abras las ventanas.
8. No vivamos juntos.
9. No subáis rápidamente.

● 확인하기
1. digas   2. hagas
3. pongas   4. salgas
5. tengas

● 문법연습
1. ③   2. ②
3. ③   4. ③

● 틀린 문법 찾기
1. Hace → Haz
2. Pone → Pon
3. Sale → Sal
4. Se → Sé
5. Viene → Ven

● 빈 칸에 알맞은 말을 쓰세요.
1. hables   2. comáis
3. vengan   4. salga
5. Di

● 괄호 안의 말을 이용해서 다음을 스페인어로 바꾸세요.
1. ¡Habla en voz baja!
2. ¡Subid!
3. ¡Aprende a hablar español!
4. ¡Comprad la casa!
5. ¡No me diga la verdad!

7과 명령법 2

● 다음 문장에서 틀린 부분을 알맞게 고치세요.
• Hazlo
• Hágalo
• Háblame
• No lo hagas
• No lo haga
• No me hables
• No lo coma
• No nos los lea
• No me la diga

● 다음 문장에서 틀린 부분을 알맞게 고치세요.
• lávate
• siéntese
• levantémonos
• salgámonos
• levantémonos
• sentémonos
• quedaos
• Idos
• váyase

● 다음을 부정명령형으로 바꿔 보세요.
1. No me digas la verdad.
2. No te pongas un traje.
3. No me mires.
4. No os levantéis.
5. No me traigas un vaso de agua.
6. No les digas la verdad a tus padres.
7. No se duchen ahora mismo.
8. No te quedes en la casa.
9. No os vayáis ahora.

- 확인하기
  1. Leventémonos
  2. Lávate
  3. Dúchese
  4. Idos
  5. Sentémonos

- 문법연습
  1. ③   2. ②
  3. ③   4. ③

- 틀린 문법 찾기
  1. duchas → duches
  2. Sientate → Siéntate
  3. Por → A
  4. Levantados → Levantaos
  5. Quedémosnos → Quedémonos

- 빈 칸에 알맞은 말을 쓰세요.
  1. Hágalo   2. Cómelo
  3. Léanoslo   4. sientes
  5. Levántate

- 괄호 안의 말을 이용해서 다음을 스페인어로 바꾸세요.
  1. ¡Lávate la cara!
  2. ¡Subid!
  3. ¡Hazlo!
  4. ¡No te acuestes!
  5. ¡Callaos!

8과 접속법 과거1

- 확인하기
  1. recibiera   2. entrara
  3. pasaras   4. llegaras
  5. estudiara

- 문법연습
  1. ③   2. ②
  3. ③   4. ③

- 틀린 문법 찾기
  1. cantaba → cantara
  2. lleguen → llegaran
  3. mienta → mintiera
  4. estudie → estuviera
  5. ayude → ayudara

- 빈 칸에 알맞은 말을 쓰세요.
  1. recibiera, recibiese
  2. entrara, entrase
  3. fumaras, fumases
  4. llegaras, llegases
  5. estudiaran, estudiasen

- 괄호 안의 말을 이용해서 다음을 스페인어로 바꾸세요.
  1. Yo quería que tú leyeras el libro.
  2. Yo no creía que ella fuera coreana.
  3. Yo dudaba que ella dijera la verdad.
  4. Yo no estaba seguro de que ella supiera el camino.
  5. Yo creía que ella me quería.

9과 접속법 과거2

- 확인하기
  1. supieran   2. ayudaran
  3. enseñara   4. levantara
  5. lo hicieras   6. anotara el gol

- 문법연습
  1. ③   2. ②
  3. ③   4. ③

- 틀린 문법 찾기
  1. tenías → tuvieras
  2. enseña → enseñara
  3. eran → fueran
  4. llegamos → llegáramos
  5. pudieran → pudiera

- 빈 칸에 알맞은 말을 쓰세요.
  1. supieran   2. estudiara
  3. ayudaras   4. dijeran
  5. hablara

- 괄호 안의 말을 이용해서 다음을 스페인어로 바꾸세요.

  1. Deseaba comprar una camisa que tuviera botones rojos.
  2. Era una lástima que el profesor no nos enseñara.
  3. Ellos sentían mucho que tu padre estuviera mal.
  4. Le pedí a ella que no lo dijera.
  5. Yo quería alquilar una casa que fuera barata.

10과 접속법 과거3

- 확인하기
  1. hicieras
  2. saliera
  3. llegara
  4. viera
  5. seleccionaran

- 문법연습
  1. ③
  2. ②
  3. ③
  4. ③

- 틀린 문법 찾기
  1. Quisiese → Quisiera
  2. compraré → compraría
  3. sea → fuera
  4. interesante → pena o lástima
  5. hable → habla

- 빈 칸에 알맞은 말을 쓰세요.
  1. llovieran
  2. terminara
  3. trabajaras
  4. permitiera
  5. visitaría

- 괄호 안의 말을 이용해서 다음을 스페인어로 바꾸세요.

  1. Antes de que terminara la película, ellos salieron.
  2. Mi madre me compró una revista para que la leyera.
  3. Yo estaba en España a fin de que mis amigos aprendieran el coreano.
  4. Ella habla siempre como si fuera reina.
  5. Bésame mucho como si fuera esta noche la última vez.

11과 접속법 현재완료

- 확인하기
  1. hayas
  2. hayan leído
  3. ha visitado
  4. ha comprado
  5. haya dicho

- 문법연습
  1. ③
  2. ③
  3. ③
  4. ③

- 틀린 문법 찾기
  1. he → haya
  2. has → hayas
  3. ha → haya
  4. han → hayan
  5. ha → haya

- 빈 칸에 알맞은 말을 쓰세요.
  1. haya comprado
  2. haya terminado
  3. hayas hecho
  4. hayan permitido
  5. hayas pensado

- 괄호 안의 말을 이용해서 다음을 스페인어로 바꾸세요.

  1. Dudamos que ellas hayan dicho la verdad.
  2. Me encanta que ellos lo hayan hecho.
  3. Es importante que hayas leído muchos libros.
  4. Me sorprende que Juan se haya terminado la tarea.
  5. Estoy seguro de que ella ha comprado un coche.

12과 접속법 과거완료1

- 확인하기
  1. hubiera
  2. Era
  3. se hubiera
  4. hubiera ido

● 문법연습
   1. ③   2. ②
   3. ③   4. ③

● 틀린 문법 찾기
   1. hubiera ayudado → ayudara
   2. fuera → hubiera ido
   3. hubiéramos salido → saliera
   4. había → hubiera
   5. habría → hubiera

● 빈 칸에 알맞은 말을 쓰세요.
   1. hubiera comprado
   2. hubiera terminado
   3. hubieran terminado
   4. hubiera luchado
   5. hubieras ido

● 괄호 안의 말을 이용해서 다음을 스페인어로 바꾸세요.
   1. Me alegré de que lo hubieras hecho.
   2. Yo no creía que mi equipo hubiera perdido el partido.
   3. Yo quería que mi hija hubiera aprobado el examen.
   4. No era verdad que ella hubiera sido mi novia.
   5. Juan dudaba que su esposa ya hubiera ido de compras.

13과 접속법 과거완료2

● 확인하기
   1. habría
   2. hubiera
   3. hubiera tenido
   4. hubiera comprado

● 문법연습
   1. ③   2. ①
   3. ②   4. ③

● 틀린 문법 찾기
   1. habría tenido → hubiera tenido
   2. hubiese comprado → habría comprado
   3. habría estado → hubiera estado
   4. hubiera leido → hubiera leído
   5. pasaría → habría pasado

● 빈 칸에 알맞은 말을 쓰세요.
   1. habría comprado
   2. habría cambiado
   3. habría ayudado mejor
   4. habrías ganado
   5. como si fuera

● 괄호 안의 말을 이용해서 다음을 스페인어로 바꾸세요.
   1. Si yo hubiera tenido dinero, habría comprado un coche
   2. Si yo hubiera sido elegido como presidente, habría cambiado todo el país.
   3. Si ella hubiera tenido tiempo, te habría ayudado mejor
   4. Si hubieras estudiado mucho, habrías recibido la beca.
   5. Si usted hubiera leído los libros, habría contestado bien a la pregunta.